泣きたい日の人生相談

岸見一郎

講談社現代新書

2700

はじめに

本書は二〇一七年からクーリエ・ジャポンで連載している「25歳からの哲学入門」から三十回分を厳選してまとめたものです。

この連載を始めた年の一月に私は『幸福の哲学』を講談社現代新書の一冊として出版しました。それを読んだ当時のクーリエ・ジャポンの編集長が「後ろ向きの人生論」でおもしろかったと評したことをよく覚えています。これは本の中で私が主張したことを正しく理解した言葉だと思いました。私が書いたのは、人生何でも思う通りになるというような積極的でポジティブ志向の人生論ではなかったからです。

その半年後から始めた連載で私が書いてきたことも、何でも思う通りになると考えるポジティブな人には「後ろ向き」に見えるかもしれません。

今の時代、少しも予想していなかったことが人生を大きく変えることがあります。病気とは無縁で健康な人でも突然病気で倒れることもありえます。そうなると、思い描いていたような人生を生きられなくなるかもしれません。人生で待ち受けている困難を思って不安になる人は、努力すれば何でも思う通りになると考える楽天的な人よりも、人生の真実を知っているといえます。

将来への不安だけではなく、日々の生活においては、対人関係の問題は相当なストレスになります。人から嫌われても平気だという人は対人関係で悩むことはないでしょうが、人の気持ちがわかり、人から嫌われることを恐れる人はいいたいことがあっても、いうべきことがあってもいえず、そのため自分の人生を生きられないことになります。

私は、この人生をどう生きるのか、対人関係の問題をどう解決すればいいかを考えるのが哲学だと考えています。幸福であることを願わない人はいませんが、幸福とは何かを考えるだけでなく、幸福であるためにどうすればいいかを考え、実際に幸福に生きることができなければなりません。哲学はこの意味で実践的なものです。

本書と悩みに答えるために書かれた類書との違いは、哲学が根本にあるところです。私はもともと哲学を学んでいましたが、三十代の初めにオーストリアの精神科医であるアルフレッド・アドラーの思想に触れ、哲学は今述べたような生きる時に避けることができない問題、とりわけ、対人関係の問題を解決できなければならないと考えるようになりました。

私は古代ギリシアのプラトンの著作を読んできましたが、プラトンが伝えるソクラテスは青年たちと対話をして毎日を過ごしていました。ソクラテスが大学で講義をしている姿を想像することはできません。

私は後に精神科の医院に勤務し、カウンセリングをするようになりましたが、これがまさにソクラテスがアテナイの街でしていたことだろうと思いました。

私はカウンセリングをする時に――そして、本書で相談に答える時にも――、このように考えたら難局を乗り切れるかもしれないという希望を持てる話をしたいと考えています。過去に経験したつらい出来事のために今生きづらい、そして、これからも苦しい人生が待ち受けているというような話はしません。

先にも述べたように幸福であることを願わない人はいません。今の生き方では幸福にはなれないと思っていても、なお常識に囚われている人は多いように思います。常識から脱却するためには、常識とは違う考え方があることを知らなければなりません。

私の基本的な考え方は、まず、人は変わりうるということです。過去に経験したことは今の自分に影響を与えたかもしれませんが、それが今の、そしてこれからの自分を決定するのであれば、教育も治療もできないことになります。

次に、これから先に何が起こるかは決まっていないということです。そのため不安になるかもしれませんが、この先の人生が決まっていないからこそ、生きがいがあるといえます。

第三に、今ここでしか幸福になれないということです。過去を後悔しても、未来を思って不安になっても、過去はもはやなく、未来がどうなるかは決まっていません。これから先に本当の人生がくるのではなく、今が人生の本番なのであり、先の人生のために今生きているわけではないのです。

私の多くの助言はたしかにその通りだと思えたとしても、実践は困難だと思う人がいるかもしれません。そのような人は、話はよくわかった、「でも」といい、できない理由を持ち出します。しかし、これまでと同じことをしていれば、これからも同じことが起こります。これまでとは違うことをしようと思えば、たちまち何が起こるかわからないので、違うことをするのには勇気がいります。しかし「でも」というのをやめ、できるところから少しでも行動を変えていけば、思いがけず、おそらくはいい方向へと人生は変わっていきます。

私の人生論が後ろ向きという話から始めましたが、今までとは違うことをする勇気を持とうとする人は、後ろ向きどころか人生の困難から目を背けず前向きに生きる人なのです。仕事や恋愛などの対人関係に悩み、将来に不安を抱くと、誰しも泣きたくなる日もあるでしょう。この本は、それでも前を向いて歩こうとする人に生きる勇気を与える人生相談です。

目次

第2部 人生の苦悩と向き合う 55

第1部　自分のために生きる心得

Q1

心機一転、新しい自分になるにはどうしたらいいでしょうか？

新たな季節、「なりたい自分」像を思い描く人もいるでしょう。「周りに流されないようになる」「心を広く持つ」――そう固く誓っても、いざ実行してみると難しいもの。初めのうちは努力できても、気がつけば「もとの自分」に戻っていることがほとんどです。それでは、本当に「新しい自分」になるためにはどうしたらいいでしょうか。

A

無理に自分を変えようとしても
うまくいきません。
それより大事なのは、自分を
「うまく使いこなす」ことです。

新生活が始まるタイミングで心を入れ替え、新しい自分になりたい。そう願う人は多いでしょう。とはいえ、自分を変えるのは簡単なことではありません。

「今年は人に流されずに強い意志を持とう」とか「おおらかな人間になろう」と決めても、人の意見に左右されていたりイライラして怒っていたりする自分にすぐに気がつくことになります。

「これまでの自分ではもう生きていけない」と思うような強烈な経験をしなければ、決心をしても変わることはできません。反対にいえば、これまでの自分のまま生きていけるのであれば新しい自分になろうとしないというのが、一つの考え方ではあります。

とはいえ、「新しい自分になるにはどうしたらいいか」という問いに「そもそも、なろうと思わないこと」と答えても仕方がありません。ですから、最初になぜ新しい自分になるのが難しいのかを考えた後で、それにもとづいて、どうすれば変われるのかを考えてみましょう。なぜ新しい自分になるのが難しいのかといえば、一つは、今の自分の生き方は不自由で不便であっても、馴染みがあるからです。

何かをする時、これまでと同じようなやり方をすれば、結果もある程度予測できます。それが自分にとって好ましいことではないとしてもです。変わらずにいることは、これから起きる事態を予見できるということなのです。

反対に、新しい生き方を選ぶと、次の瞬間に何が起こるかわからなくなります。これまでの人生経験を元にして次に何が起こるかが予測できなくなるという状況は、思っている以上にストレスです。

さらに、馴染みの生き方をしたほうがメリットがあることもあります。人に流されずに強い意志を持とうと思い実際にそう生きると、何もかも自分で決めなければならなくなるというのが新しい生き方を選ばない一つの理由です。自分で決めると、その決断に伴う責任もすべて引き受けなければなりません。事態が望んでいるように進まなくても、責任を他者に転嫁できないのです。それは簡単にできる生き方ではありません。人に流されない強い意志を持とうと思っている人だって、実は心のどこかで自分で決める責任を回避したいと思っているものなのです。

たとえば、いつも夫に対して口やかましくしてしまう妻が心機一転、おおらかな性格になろうと決意したとします。そうすると、結果的に夫の帰宅はますます遅くなり、子どももいつまでたっても勉強しなくなるかもしれない。つまり、状況が悪化する可能性があるのです。どんどん悪循環に陥っていく現実を前にして、「それでも、もうガミガミいわないと決意したから」と、泰然としていられる人がどれだけいるでしょうか。そうなるくらいならば、これまで通り口やかましい妻として振る舞って、「家族の問題を決して許さない正義の人」という立ち位置を確保したほうが楽だ。人間は、そう考えるものです。

もう一つの理由は、変わってみてもすぐに結果が出ないからです。何をやり始めても飽きっぽくてすぐにやめてしまう人が勤勉になろうと決心しても、結果が出るまでには時間がかかります。何年もかかってようやく、この勉強をしておいてよかったと実感できることもあるのです。

「これまでの自分」を見直す

それでは、どうすれば新しい人になれるのでしょうか。まず、人間性あるいは性格ではなく、行動を変えることです。行動であれば意識的に変えることができます。

人に流されずに強い意志を持つのであれば、飲み会に誘われても三度に一度は断ってみようと決めるのです。おおらかな妻になることは現実には難しくても、遅く帰宅した夫に対してにこやかに「お帰りなさい」ということであれば、できないわけではありません。

そのようにしたからといって、夫の行動が改善するかはわかりませんが、少なくとも自分の中でイライラが募るよりは気分がいいでしょう。それに、勉強しない子どもを見ると腹が立つのであれば、見ないようにすればいいのです。声をかけなければ、いよいよ勉強しなくなるでしょうが、子どもを叱っても勉強しないのなら、怒るだけ損です。

こうして一つのことができたら、次は少しハードルを上げます。大事なのは最初からハードルを高く設定しないことです。

また、「新しい自分」になることが難しい場合は「これまでの自分」を見直すことで、事実上「新しい人」になれます。

アルフレッド・アドラーは、「大切なことは、何が与えられているかではなく、与えられているものをどう使うかである」といっています（『人はなぜ神経症になるのか』）。

ミケランジェロがダビデ像を彫った大理石には、大きな亀裂が入っていました。それまで誰もそのような大理石を顧みることはなかったのですが、ミケランジェロはこの大理石の中にダビデを見出し、ダビデをそこから取り出したのです。ミケランジェロが、大きな亀裂があることに注目していなければ、ダビデ像は生まれてこなかったのであり、亀裂がむしろダビデ像を生かしたといえます。

自分という道具は、取り替えることができません。たしかに、この「自分」は癖があるけれども、それをどう使いこなすかが大切なのです。そのためには、自分の短所や欠点と思っていたことを長所に置き換えてみることです。携帯端末やパソコンのOSをバージョンアップすれば、本体を買い替えなくても新しい道具を手に入れたのと同じように、バージョンアップした新しい自分を見出せるでしょう。

Q2

やらなければいけないことが多すぎて、いつも精神的に急《せ》かされています。どうしたらストレスを解消できますか。

仕事や勉強、人付き合いに趣味——。私たちは、どんな時でも何かに急かされながら生活しています。「やらなければいけないこと」なのか「やりたいこと」なのか、もはやわからなくなるほどの物事に追いかけられ、疲弊してしまう。そんな日々から抜け出すためには、コツがあります。

A

ストレスはギャップから生まれます。
「理想」と「現実」の隔たりを
いかにして埋めるかが鍵です。

「ストレス」とは、理想と現実とのギャップのことです。ここでいう理想とは、しなければならないことがたくさんあっても、それらを難なくこなせる状態を指します。しかし、当然、複数の物事を効率よく進めるのは難しい。

私はいつもたくさんの原稿を抱えていて締め切りに追われているので、締め切りの一年前に脱稿するという作家や、雑誌原稿を締切日の朝飯前にサッサと書き上げるという人の話を聞くと、何を書く時にも呻吟《しんぎん》する私は到底そんな真似はできないと嘆息してしまいます。「締め切り前に余裕を持って原稿を書き終える」という理想と、「原稿が少ししか書けておらず、締め切りには到底間に合いそうもない」という現実とのギャップが強いストレスを生むのです。

私の例をあげましたが、同じような経験をしている人は多いでしょう。仕事だけではなく、家事や子育ても同じです。しなければならないことが多すぎると思う時には過剰なストレスがかかります。

それでは、どうすればストレスを解消できるのか。

単刀直入にいえば、しなければならないことを減らす。これが一番簡単です。「それができないから気疲れをしているのだ」と反論されそうですが、心持ち次第でストレスは軽減することができます。

ストレスに対抗する二つの方法

先に見たように、ストレスは理想と現実とのギャップから起きるので、このギャップを縮めればいいわけです。その一つの方法が、理想を下げること。つまり、「しなければならないことを減らす」ことです。

そのためにはまず、目の前のことを「絶対に」しなければならないのか見極めるところから始めなければなりません。なぜなら、「これは必ずやらなければいけないんだ」と思い込んでいるだけということも多々あるからです。

たとえば、朝起きた時に高熱があれば、仕事には行けなくなるでしょう。這《は》ってでも出社するようにと命じる会社は普通ありません。人に任せられない仕事であっても、締め切りのある仕事であっても、実際にはそのすべてが期限を延ばせないわけではありません。そう考えると、それらの仕事は「今、絶対に」しなければならないこととはいえません。

私自身の経験談でいえば、心筋梗塞《しんきんこうそく》で入院していた時に、近く出版することになっていた本の校正刷りが届いたことがありました。編集者に入院したことを知らせていなかったのです。このような場合であれば、「目下入院中なので、締め切りを延ばしてほしい」といってもよかったはずです。それなのに、私はそんなことをいえば次の仕事はないかもしれないと考え、無理をしてしまいました。今になって思えば、たとえ仕事を失ったとしても、生命《いのち》のほうが大事なのは明らかです。

病気にならなくても、何が自分の人生にとって一番重要なことなのかを考えておかなければなりません。『青春の記録（청춘기록）』という韓国ドラマでは、モデルから俳優に転身する若者サ・ヘジュンをパク・ボゴムが演じています。彼は親の援助やコネに頼らず、瞬く間にスターダムにのし上がりましたが、仕事が忙しく好きな人とも思うように会えなくなり、結局、恋人と別れることになります。恋人のアン・ジョンハ（パク・ソダム）は彼にこういいます。

「私たちはタイミングが合わない。合わないタイミングを互いに合わせようと努力しても、結局、遠く離れてしまう」

タイミングというのは、ただ約束をしても会えない、ということだけではないでしょう。私ならば夢を叶えられなくても、好きな人と人目を憚《はばか》らずいつでも会える人生を選ぶだろうと思いました。

好きな人であれば会うことにストレスなど感じないでしょうが、付き合いで人と会わなければならず、そのためにストレスがかかるようであれば、それを制限するしかありません。要するに気の進まない約束は断ればいいのです。そのせいで付き合いが悪いといわれるかもしれませんが、自分の時間を大切にしたいのであれば、それは自由に生きるために支払わなければならない代償です。

さらに、ストレスを感じないためのもう一つの方法は、「現実を高める」ことです。人間には「しなければいけないこと」「したいこと」「できること」しかありません。この三つのうち、現実的にまず着手可能なのは、突き詰めると「できること」だけです。とにかく、できることから始めるしかないのです。

もっと具体的にいえば、まず「少し」やってみることです。一度にすべてのことをしようと思わず、少しやったら一度休んで、また少しやってみる。これを何度か繰り返せばいい。

すぐに始めることが一番ストレスのかからない方法ですが、もしも「今日はしない」と決めたのであれば、いつ着手するかを決めておき、その日までは一切考えないようにするとストレスなく過ごせます。「早くやり始めなければ」と思いながら何もしないのがもっともストレスフルなので、忘れることがリラックスするためには必要です。

もっとも、この方法も問題がないわけではなく、三日でできるはずのことがやってみたらできなかったとか、やろうと思っていた日に体調を崩してしまったということは起こりえます。また、「しなければならないこと」は往々にしてしたくないことです。

そこで発想を逆転させ、「しなければならないこと」を「したいこと」にできないか考えてみましょう。たとえば、仕事の関係で外国語の勉強をしなければならない状況になったとしても、それを積極的にしたくなるよう工夫することはできます。私は韓国語の勉強を義務でしているのではありませんが、韓国のドラマや映画を観ると勉強を忘れて楽しめます。一生懸命歯を食いしばって勉強することを慣わしにしてきた人には抵抗があるかもしれませんが、何事も楽しくなければ、学ぶことはできません。

Q3

どうしたら自分のことを好きになれますか？

どうしても自分の悪いところばかりが気になってしまう。自分のことを心から肯定することができない。そう思い悩む人は多くいます。つい周囲と自分を比べてしまい、そのたびに「なんて駄目なんだ」と落ち込んでしまう。自分を認めるためには、どんな心構えでいればいいのでしょうか。

A

自分が嫌いなのは、理想から
引き算をしてしまうから。
人間は生きているだけで
誰かに貢献している。そう思えば、
どんな自分でも好きになれます。

私はこれまで多くの人のカウンセリングをしてきましたが、やってきた人に「自分のことが好きですか」とたずねると、大抵は「好きかどうかといえば、あまり好きでない」とか「大嫌い」という答えが返ってきました。

「子どもの頃から、お前は駄目だということを親や周りの大人たちから散々聞かされてきたから」

しかし、ネガティブなことをいわれて育った人が皆、自分のことが好きでなくなったかといえば、そうではありません。そもそも自分のことを誰も悪くいわないような「無菌状態」で育つ人はいません。親でなくても、教師やクラスメートなど、ひどいことをいう人は誰かしらいるものです。それでも、自分のことを肯定し続けられる人と、自信が持てなくなってしまう人に分かれてしまう。

この違いはどこからくるのか。それは、自分を好きになるかならないかを自分で決めているからです。アドラーはこんなことをいっています。

「自分に価値があると思う時にだけ、勇気を持てる」(*Adler Speaks*)

ここでアドラーがいう「勇気」というのは、仕事や勉強に取り組む勇気や人と関わる勇気です。自分に才能があると信じている人は仕事や勉強にも真剣に取り組みますが、自分は何をやっても駄目だと思い込んでいる人は進んで仕事や勉強に取り組もうとはしないでしょう。どれほど頑張っても、結果を出せないと思っているからです。そして実際、努力をしないので高い評価を得ることができません。

自分を好きになることができないのには、「理由」ではなく「目的」があるのです。自分には価値がない、だから自分のことを好きになれない。その結果として勇気を持つこともできない。これが自分を好きになれない人の思考回路だと思うでしょう。そうではありません。そもそも、勇気を持ちたくないのです。勇気を持ちたくないからこそ、「自分は無価値な存在だと思っておこう」とするのです。

なぜ勇気を持ちたくないのか。それは結果が出るのが怖いからです。仕事や勉強において、自分は能力がない（つまり、価値がない）と思って挑戦をしなければ、結果が出ることもない。失敗というつらい現実を突きつけられずにすみます。

対人関係についていえば、人と関わると摩擦が生じ、そのために傷つくことがあります。たとえば、好きな人に告白したら、「異性として意識したことは一度もなかった」といわれることもあるでしょう。そんなことを一度でも経験したら、好きな人がいても、傷つくことを恐れて告白しようとは思わなくなります。

そんなふうに対人関係で嫌な思いをしたり、傷ついたりしないためには、対人関係に入っていかないのが無難です。勇気を持ってしまうと、誰かと関わることになります。そうすると傷つくことはありえるので、対人関係に入らないでおこうと思います。

しかし、そのためには理由が必要です。そこで、自分に言い聞かせるのです。「自分でも自分のことが好きになれないのに、どうして他の人が自分のことを好きになってくれるだろうか」と。そのような人に「あなたは自分のどんなところが好きではないのか」とたずねたら、きっといくらでも自分の短所や欠点をいえるでしょう。しかし、本当は自分のことを好きにならないために理由は要らないのです。自分を好きにならないでおこうという決心をするために、理由を作り出しているだけだからです。

この決心を覆《くつがえ》すのは簡単ではありません。何をいっても簡単に自分を好きになろうとはしないからです。しかし、「どうしたら自分が好きになれるか」と聞く人であれば、希望はあります。今は自分を好きにならないでおこうと決心していても、変われるものなら変わってみようとも考えているはずだからです。だから働きかけによっては、自分を好きになれます。

「評価」と「価値」は違う

できることはいくつかあります。まず一つは今見たように「自分が好きでないのは、そう決心しているからだ」と教えることです。次に、それと関連して「他の人から自分のことをよくいわれなかった経験をしてきたので、自分が好きになれなくなった」という人がいれば、自分についての他者の評価と、自分の価値や本質は別物であるという話をします。「あなたは素敵な人ね」といわれたら舞い上がるかもしれませんが、その言葉ですらその人の自分についての評価でしかないので、それが自分の価値を高めるわけではありません。

このように評価と価値を区別できるようになれば、他人にどう思われるかは気にならなくなりますし、人からよくいわれなかったために自分が好きでなくなることはありません。それでも、人からどう思われるかを長年気にして、よくいわれないことを理由に自分を好きにならないという決心をしてきた人は、人の評価に振り回されないようになるまでに、少し時間がかかるかもしれません。

さらに、自分の短所や欠点だと思っていることを長所に変える援助をします。「自分は暗い」とか「消極的である」という人にはこんなことをいっていました。

「あなたは自分の言動が他の人にどう受け止められるかということを意識できる人だと思う。だから、少なくともこれまで他人を故意に傷つけたことはないのではありませんか」

そういうと多くの人は、「たしかにその通りだ」と答えます。「故意に」といわなければならないのは、自分はそんなつもりがなくても、人を傷つけることはあるからです。そのような人に私は「あなたは暗いのではなく、優しいのだ」といいます。優しい自分であれば、好きになれるでしょう。このように自分の短所を長所に置き換えることで少し自信を持てた人は、対人関係の中に入っていく勇気を持てるようになります。

しかし、おわかりのように、短所を長所に置き換えてみたところで、それもまた「評価」でしかありません。それでも、自分についての肯定的な評価を受け入れる勇気を持たなければなりません。自分を見直すことで自分を好きになることができれば、それは他者からの評価によって自分の価値が高まったのではありません。他者に肯定的な評価をされたことがきっかけになって、自分の決心で自分の価値を認め、自分を好きになったということです。こうして、対人関係に入っていくことができれば、その中で自分を好きになる方法があります。アドラーは、先に引用した言葉に続けて、次のようにいっています。

「私に価値があると思えるのは、私の行動が共同体にとって有益である時だけである」(*Adler Speaks*)

どんな時に自分のことが好きだと思えるかといえば、自分が何らかの仕方で他の人の役に立てている、他の人に貢献していると感じられる時です。そう思えた時に、自分には価値があると思え、自分のことを好きになれるのです。そうなるためには、対人関係の中に入っていかなければなりません。

ただし、そのためにはアドラーがいうような何らかの「行動」をしなければならないわけではありません。自分が生きていることが、人に貢献していると思えればいいのです。それが難しいという人はいるでしょう。今の時代は、何かをできることが（さらにいえば、成功することが）価値あることだとみなされているので、何もできない自分には価値があると思えず、そんな自分を好きになれないからです。しかし、それもまた世間の常識が自分に下している評価でしかないので、その評価で自分の価値が決まるのではないのです。

　こんなふうに考えてみてはどうでしょう。子どもは何もしていなくても生きているだけで、周囲の人を幸福にします。大人も子どもと同じように生きているだけで、周りの人を幸福にしていると考えていけない理由はありません。理想から引き算してしまうと、自分を好きになれません（「理想」といっても「成功する」というような、多くの人が、価値があると考える理想ですが）。病気で臥《ふ》せっている家族や友人がいれば、とにもかくにも生きていることがありがたいと思うのではありませんか？　そう思えるのであれば、自分についても生きていることを原点に考えてみれば、どんな自分でも好きになれるはずです。

Q4

いつも人にいい顔ばかりをしてしまう自分に、うんざりします。どのように振る舞うことが正解なのでしょうか。

ついつい人から好感をもたれるために八方美人な態度を取ってしまう。嫌われるのが怖くて、調子のいいことばかりいってしまう。そのうちに精神的に疲れてしまい、挙げ句の果てにはそんな自分にどうしようもなく嫌悪感を抱く。どうしたら、「ありのままの自分」でいることができるのだろう。

A

皆にいい顔をするのは結局、
他者を信頼していないからです。
本当の自分を見せても、
人は離れていくことはありません。

人と関われば、何らかの形で摩擦が起きます。いいたいことがあっても周囲に合わせてニコニコしていれば、誰からも嫌われないでしょう。それどころか「いい人」だとさえ思われるかもしれません。しかし、いつもそんなことをしていたらうんざりしてしまいます。なぜ、うんざりするのか。いい顔ばかりして気に入られたとしても、それは本当の自分ではないからです。人からどう思われるかを気にかけて自分をよく見せたいと思う人について「現実との接点を見失う」とアドラーはいっています（『性格の心理学』）。「現実との接点を見失う」と私が訳したもとのドイツ語は unsachlich です。これは「事実」とか「現実」という意味の Sache という名詞から派生した形容詞 sachlich の反対語で、「事実に即していない」「現実に即していない」という意味です。「事実」あるいは「現実」というのは、「ありのままの自分」です。自分のことをよく見せたい人は、ありのままの自分との接点を失っているのです。つまり、いつも人にいい顔をする人は、人によく思われたいがために本当はいいたくもないことをいい、したくもないことをしている。その意味では、ありのままの自分との接点を失った生き方をしているのです。

次に、うんざりしてしまう理由としては、皆にいい顔をして「好きなのはあなただけ」とか「あなたのことだけを信じている」ということをいっていると、信頼をなくすからです。好意を持っている人から「あなただけ」といわれたら嬉しいでしょうが、実は誰にでも「あなただけ」といっていることが発覚した時、信頼を失います。ライバル関係にある上司のどちらにもおべっかを使う時にも、同じことが起こります。

「いい顔」をして失うもの

そして三つ目に、いい顔をした相手には気に入られるかもしれないけれど、そのために他の人にはよく思われないことがあるからです。評論家の加藤周一が小学校時代のことを回想して、次のようなことを書いています（『羊の歌』）。

小学校の門の前に小さなパン屋がありました。昼休みにそのパン屋でパンを買って食べることは許されていたのですが、それ以外の時間に学校の門の外へ出ることは固く禁じられていました。ある時、教師の目を盗んで駆け出してパンを買って戻ってくれば見つからないだろうと思いついた生徒たちが、昼休みではないのに門の外へ出て、それが発覚してしまいました。

「門の外へ出たものは名乗り出ろ」

担任の教師の尋問が始まりました。加藤も外へ出た一人でした。

「誰が言い出したのか」

誰が言い出したのかわからない、大勢が駆け出したので、後からついていった。そう答えた加藤に、教師はさらにたずねました。

「規則は知っていただろう？」

「知っていました」

「大勢が駆け出したら、なぜ止めようとしなかったのだ」

「……」

「止めようとしても、止められなかったのか」

「……」

「止めようとして、門の外まで追って行ったのか」

加藤は、この尋問が加藤を救うための誘導であることを理解しました。「はい、そうです」と答えたら尋問からは解放されるが、それは事実ではない。しかし、「止める気はなかった」といえば、どんな罰を受けるかわからない。迷った加藤は、一瞬の後「はい、そうです」と小さな声でいいました。加藤は優等生だったので、教師は彼が他の生徒と同じように規則を破ったはずがないと思ったのかもしれません。加藤は教師の期待に応えるべく「いい顔」をしましたが、失ったものもあったはずです。加藤は次のようにいっています。

「『お前はよろしい、もう行ってよい』という声を、その時私はほとんど聞いていなかった。解放されて歩み去るときに、私が背後に感じたのは、一列にならんだ同罪の生徒たちの視線だけであった。その見えない視線は、私の嘘を非難していたのではなく、裏切りを軽蔑していた。同時に、私は自分自身を軽蔑し、激しく自分自身を憎んでいた」

さらに踏み込めば、この教師は加藤を救うつもりではなかったとも考えられます。「お前はよろしい、もう行ってよい」と教師がいったのは、加藤の言葉を信じて許したからではなく、彼が自分がしたことを偽り、教師にいい顔をしようとした振る舞いに失望したからではないでしょうか。

いつも周囲にいい顔をする人に足りないのは「信頼」です。本当のことを打ち明けても、本当の自分を見せても、人は離れていくことはありません。いつもいい顔をしていないと自分のもとから皆がいなくなってしまうと思うのは、他者を信頼できていないからです。周りの人が離れていくとすれば、それは自分が信頼されていないことを知る時です。

人の気持ちを考えずに傍若無人に振る舞っていい理由はありません。しかし、いつもいい顔をし、いいたいこともいえないようであれば、そのような関係を続けることには無理があるといわなければなりません。

Q5

平穏な日々を過ごすことができて満足しています。でも、この幸せがいつまで続くのかと思うと怖いです。

客観的に考えて、自分は恵まれた環境にいる。特段の不満もなく暮らせている。でも、幸せだからこそ、その幸福を失いたくなくて、ふと不安になる。そんなことはないでしょうか？　同じ状態が永遠に続くわけではないとわかっているから、怖くなる。どうしたら「今」を安心して楽しむことができるのでしょう。

A

「幸せの終わり」を
恐れる必要はない。
それより大事なのは、
幸福な今日を味わうために
「死」を意識することです。

今、平穏な日々を過ごせるのは何よりです。そのことに満足できているのであれば、この幸せがいつまで続くのかを考えて恐れる必要はありません。

なぜ、恐れる必要がないのか考えてみましょう。ローマ皇帝のマルクス・アウレリウスは、子どもとの死別を何度も経験しました。十四人の子どもの多くは夭折《ようせつ》し、成人したのは娘五人と息子一人だけでした。そこで、アウレリウスはこんなことをいっています。

「『子どもを失うことがありませんように』という人がいる。お前はいう。『失うことを恐れないように』」（『自省録』）

「お前」というのはアウレリウスのことです。彼は自分に言い聞かせているのです。もちろん、これ以上子どもを失うような目に遭いたくないと思ったはずですが、子どもを多く亡くしたアウレリウスにとって、子どもを失うことがないようにと願うのは現実的ではありませんでした。子どもを失うということでなくても、自分の力が及ばないこと、自分ではコントロールできないことは現実に起きます。今は健康で明日という日がくることを疑っていない人が、ある日突然、病気で倒れることもあります。だから誰にとっても、そのようなことが起きないようにと願うのは現実的ではありません。

しかし、アウレリウスが自分に子どもを失うことを恐れないようにと言い聞かせているように、何か不測の出来事が起きてもそれを恐れないことはできます。何かが起きて、平穏な日は続かなくなることはあっても、幸せが続かなくなるわけではないからです。アウレリウスは、このようにもいっています。

「災いはどこにあるのか。災いについてお前の思いなす部分があるところだ」（前掲書）

外に起きることが必ず災いであるのではなく、自分がそれを災いと「思いなす」のです。病気になった人は、そのことをきっかけに人生の意味を問い直し、その後違う（おそらくは、幸せな）人生を送ることになるかもしれません。また、人生を共にしている人たちであれば、困難に直面することで二人の結束はより強いものになるかもしれません。

「死」を意識する

今、病気で倒れる例をあげましたが、平穏な日はいつまでも続かないと思わせる最たるものは「死」です。誰もが例外なく、いつか必ず死にます。ですが、その事実は目の前の幸せを味わうために必要なものなのです。

アウレリウスは、エピクテトスの言葉を引いています。

「子どもにキスをしている時に、『おそらくお前は明日死ぬだろう』と心の内でいうべきだ。『それは不吉な言葉だ』。そうではない。不吉な言葉ではなく、自然の営みを意味している。さもなければ、麦が刈り取られることも不吉なことになる」（前掲書）

「死を忘れるな」という意味の「メメントー・モリー（memento mori）」というラテン語があります。アウレリウスは、幸せの最中《さなか》に心の内で「お前は明日死ぬだろう、メメントー・モリー」と唱えていたのでしょう。

なぜそうするべきだとアウレリウスはいうのか。最悪の事態を予想しておけば、何が起きても動じることはない、少なくとも衝撃は抑えられるという意味ではありません。

アウレリウスは、麦が刈り取られるのと同様、死は「自然の営み」だと考えています。そうであれば、「おそらくお前は明日死ぬだろう」という言葉は不吉なものではなくなる。死は決して、最悪の事態ではありません。

アウレリウスは、幸せの最中にこそ「おそらくお前は明日死ぬだろう」と自分に言い聞かせなければいけないといっています。死が人生の終わりに待ち受けているという事実を忘れてはいけないと唱えています。

なぜ死を忘れてはいけないのか。

それは、今日という日を丁寧に生きるためです。明日死ぬかもしれないことを忘れると、今日を丁寧に生きることができなくなります。アウレリウスがあげている子どもを例にしていえば、「今」子どもと過ごしている時間がすべてであり、今後親子関係がどうなるかは今考えることではありません。

明日死ぬかもしれないという事実を忘れると、人は今この瞬間を、将来のためだけに生きてしまう。明日どうなるかは誰にもわからないからこそ、今日という日を今日という日のために生きられるように心がけるべきです。

明日何が起きるかを自分で制御することはできません。しかし、今何もできないわけではありません。それは何が起きても自分が支え、支えられる人との関係をよくしておくことです。

そのために今を丁寧に生き、できるものなら平穏な一日を過ごし、決して諍《いさか》いをするようなことがあってはならないのです。

Q6

どんな状況でも前向きに乗り越えられる、強いメンタルがほしいです。

これから何が起きるかわからない。そんな先行きが見えない未来に不安を抱えている人もいるでしょう。その一方で、どんな苦しい状況にあっても、ポジティブな姿勢を崩さない人もいます。どうしたら私たちは強い精神を持って、苦境を生き抜くことができるのでしょうか。

A

「強いメンタル」とは、
虚勢を張っているだけのこと。
「どんな状況でも乗り越えられる」
と思わないことです。

生きていれば、とうてい乗り越えられないと絶望してしまう困難に遭遇することがあります。しかも、それは一度だけではないかもしれません。それでも、打ちのめされずに乗り越える人はいます。同じ経験をしても、それをどう受け止めるかは人によって違うのです。では、困難を乗り越えられたのは前向きだったからなのでしょうか。強いメンタルがあったからなのでしょうか。それは違います。

こんな話があります。ウィーンの劇場に向かおうとしていた人がいました。ところが、出かける直前に別のところに行かなければならないことになりました。用事を済ませてようやく劇場に着くと、劇場は火事で焼け落ちてしまっていました。

アドラーはこの人のケースを引いて、次のようにいっています。

「何もかもなくなってしまったのに、彼は助かった。このような人が自分は高い目的へと運命づけられていると感じるのは、容易に想像できるだろう」(『個人心理学講義』)

アドラーは、大きな災難や事故などに巻き込まれて助かった人が、「運命はあらかじめ定まっている」と感じるようになるともいっています。この運命は当然、「幸運」でなければなりません。ところが、「自分は幸運に運命づけられている」と感じていた人が絶望的な現実に打ちのめされると、勇気をくじかれ、うつ状態になってしまうことがあるのです。

劇場の火災に巻き込まれなかった人は、「たまたま」劇場に出かける前に用事ができたため、時間通りに劇場に行けず助かったのであって、この人自身がこの災難から逃れるために何かをしたわけではありません。この時は難を逃れたけれども、次回も必ず助かるという保証はありません。

また、アドラーは泳げないにもかかわらず周囲から称賛されたいがために川に飛び込んだ少年の事例を引いています（前掲書）。彼は川に飛び込み、危うく溺れるところでした。アドラーはこの事例から、二つの点を指摘しています。

まず、この少年は勇気があるのではなく、臆病であるということです。普通、川に飛び込むように友だちからけしかけられても、泳げなければ飛び込んだりはしないでしょう。それで笑われるとしても、です。次に、彼は他人が自分を救ってくれるだろうと心のどこかで期待したということです。誰かが溺れそうになっているのに、救おうとしない人は実際にはいないでしょう。しかし、もしも誰も彼に救いの手を差し伸べなかったとしたら、泳げないのに川に飛び込むという無謀なことを自分がしたのに、彼を救おうとしなかった人に腹を立てたかもしれません。

自分には恐ろしいことは絶対に起こらないという根拠のない自信を持っている人は、必ずや運命が自分を救ってくれると期待しているのです。幸運にも危機を逃れることが続くと、「自分は特別な人間だ」と思うかもしれません。しかし、ひとたび自分が期待していたのとは違うことが起こった時、打ちのめされることになります。勇気のある人であれば、たとえ挫折しても傷つくことはありません。アドラーは、「何でも成し遂げることができるという優越感を持つ人がいる」といっています（前掲書）。自分にはできないことはない、失敗するはずはないというのは「優越感」なのです。

強いメンタルは必要なのか

また、別の文脈でアドラーは「何でも成し遂げることができる」という心持ちを肯定的な意味でも捉えています（『生きる意味を求めて』）。才能や遺伝などを持ち出して、「自分はできない」という思い込みが固定観念になる危険性に、警鐘を鳴らしているのです。「できない」という思い込みは「劣等感」です。何かを成し遂げるためには努力しなければなりませんが、努力もしないで何でもできると思うのは劣等感の裏返しとしての優越感でしかありません。

三人の性格の異なるタイプの男の子をライオンの檻の前に連れていくという実験がありました。ライオンを初めて見た時に、どのように振る舞うかを観察するためです。最初の少年は、振り返ってこういいました。

「家へ帰ろう」

二人目の少年は「なんて素敵なんだろう」といいました。彼は自分が勇気あるように見せたかったのですが、実際にはライオンを目の前にして震えていました。臆病な子どもだったのです。三人目の少年がいいました。

「ライオンに唾を吐きかけてもいい？」（『個人心理学講義』）

私は、このうち最初の少年の態度が健全だと思います。他の二人の少年は、本当は怖いのに、虚勢を張ることで恐怖心を隠そうとしています。「どんな状況でも前向きに乗り越えられる、強いメンタルがほしい」と思う人は虚勢を張る少年と同じです。それでは、どうすればいいでしょうか。

「どんな状況でも乗り越えられる」と思わないことが必要です。ストア哲学の言葉を使うならば、「権内にない」こと、つまり自分の力が及ぶ範囲外にあることを何とかしようと思ってはいけないということです。

もっとも、できることはしなければなりません。困難を乗り越えるために、何ができ、できないかを見極める必要があります。そのうえで、必要があれば他者の助けを借りることが大切なのです。

第2部　人生の苦悩と向き合う

Q7

人生のすべてにおいて不安です。今の仕事も将来どうなるかわからず、貯金もわずかでパートナーもいない。どうしたらいいのでしょうか。

人生には、いつも困難がつきまといます。心配事を考え出したらキリがない。もし急に仕事を失って無一文になったら？　自分や家族が大病を患ってしまったら？　このまま独身だったら、孤独死への道まっしぐら？

A

明確な対象がないから
「すべて」が不安になるのです。
ぐちぐちいわず、できるところから
やってみるしかありません。

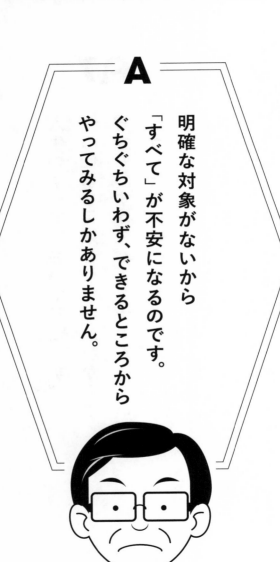

誰もが不安になることはあります。今の時代は仕事だけでなく、これからの自分の人生がどうなるか、さらには、この世界がどうなるかは誰にもわかりません。仕事に就けるのか、就職できても定年まで仕事ができるのか、結婚できるのか、年金はもらえるのか、孤独死するのではないか等々、そうしたことを考えはじめると不安にならないわけにはいきません。しかし、「すべてにおいて」不安になる必要はありません。

まず不安がどういうものかを明らかにするために、「恐れ」と比べてみましょう。恐れは不安とは違って、明確な対象があります。たとえば、地震が起きて建物が大きく揺らぐと、強い恐怖を感じます。恐怖を感じたら、人はその場から逃げ出そうとします。その場にぼんやりと立ち尽くしていると危険なので、恐怖を感じることは生存のために必要ともいえます。すぐに逃げなくてはと思っても身体がすくんでしまって動けなくなることはありますが、恐怖は恐怖を引き起こした対象から「逃げ出す」ために作り出される感情です。このように、恐怖はある特定のもの（先の例では地震）に関係します。何に対して恐怖を感じたのかがはっきりしているので、大地の揺れが収まればほどなく恐怖は消えます。

他方、不安はそうではありません。キルケゴールは、不安の対象は「無」であるといっています（『不安の概念』）。つまり「何となく不安だ」ということです。あれやこれやの出来事によって不安になるのではなく、何でもないこと（無）が人を不安にさせるのです。

また、いつか地震が起きるかもしれないと思って不安になる時、その地震は明確な対象ではありません。しかし、地震がいつ起こるかわからないとしても、決して起こらないわけではないように、不安もまったく根拠がないわけではありません。今の世の中には理不尽なことが多々あるからです。たしかに、社会のシステムを変えなければ解決できない問題はあります。しかし、努力すれば変えることができる人生の課題を前にしても、アドラーの言葉を使うならば「ためらいの態度」を取る人がいます。そのような人は、「頑張っても、仕事をしても将来どうなるかわからない」「貯金もあまりない」という理由を、人生の課題に取り組まないために次々に数え上げます。

不安になったらすべきこと

恐怖と違って不安には明確な対象がないことを先に見ました。なぜ不安には対象がないのかといえば、明確な対象がある必要がないからです。漠然とした不安であれば、そのことを何も手につかないことの理由にすることができます。

対人関係で躓《つまず》いたために、人と関わることを避ける人もいます。そのような人は、また前と同じように裏切られたり、傷つけられたりするかもしれないと、新たに誰かと関わる前から不安になります。そしてそれを、対人関係を避ける理由にするのです。不安を感じる人に何が起こっているのか。アドラーは次のような説明をしています。
「防御するために、手を前に伸ばすが、時折危険を見ないでいいように、もう一方の手で目を覆う」（『性格の心理学』）
このような人は、人生の課題を前にして立ち止まることはしませんが、自分の身を守るために、防御策として手を前に伸ばしながら課題に近づいていきます。不安だからこそ、危険を見ないでいいように手で目を覆うのです。恐怖を感じるのであれば、完全に立ち止まるか逃げ出すでしょうが、不安な人は課題を前にためらい、優柔不断になるのです。
人と関わって傷つくことを恐れる人でも、一人で生きていけるとは思わないので、深入りしないように「防御」するけれども、人との関わりをすべて切るわけではありません。しかし、人生の困難に対峙《たいじ》しないでおこうという決心がまずあって、その決心をより強固にするために不安になっているので、実際何かの困難に遭遇すれば、たちまち逃げ出します。アドラーは、次のようにいっています。
「人が一度人生の困難から逃げ出す見方を獲得すれば、この見方は不安が付け加わることによって強化され、確かなものになる」（前掲書）
そうなると、いよいよ人生の課題に近づこうとしなくなるのです。それでは、不安な人はどうすればいいか。まず、自分が置かれている現実はどうすることもできないほど困難ではない、ということを知らなければなりません。人生においては、課題に取り組んでみないとどうなるかわからないことは多々あります。必ずやり遂げられると思っていたことが、手がけてみたら思いがけず難しくてやり遂げられないこともあれば、その逆もあります。とにかく、できるところからやってみるしかないのです。

試験を前にしていい結果を出せないかもしれないと思って不安になることはあるでしょう。それでも勉強するしかありません。もちろん、やってみても望む結果を出せるとは限りませんが、試験を前に不安に駆られ、充分勉強ができなかったというのは、率直にいって「逃げ」でしかありません。結果を出せなければ、再挑戦すればいいのです。次に、これから起こることが何もかもわかってないと不安だという人は多いでしょうが、人生では何が起こるかがわからないからこそ、生きがいもあるのです。すべてが自分の予想通りになるという人生を、生きたいと思いますか？　結末を知ってからでないと怖くて小説を読めないという人がいましたが、私はわからないから面白いのだと思います。人生は、そもそもどうなるかが予《あらかじ》め決まっているわけではないのです。

Q8

今が不幸というわけではありませんが、幸せでもありません。もっと幸福に生きられる方法はあるのでしょうか。

現在の自分が不幸だとは思わない。だけど、特に幸せを感じることもない。なんだかいつも自分は宙ぶらりんな状態の中で生きている気がする。どうしたら私は幸せになれるのだろう？　シンプルなようで、聞かれてみると言葉に詰まる。そんな「幸せ」について考えてみましょう。

A

幸せは「なる」ものでは
ありません。
端的にいえば
生きていること自体が幸せ。
それに気が付くことが大事です。

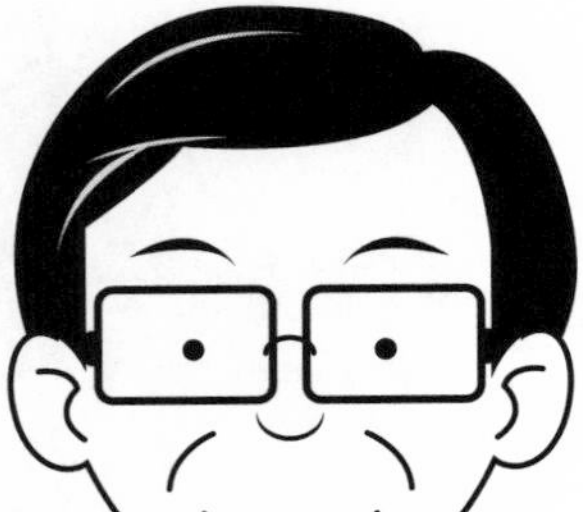

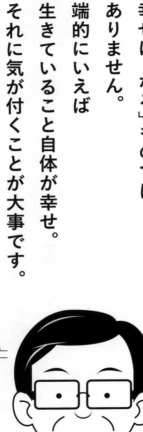

私は、この相談者が「幸せになりたいです」と願望を述べるだけで、幸せになることを強く求めているように見えないことが気になります。「今は不幸というわけではないが、幸せになりたい」というのは、「できるものなら幸せになりたい」とか、「今すぐにではなくてもいいけれど、できたら早く幸せになりたい」といっているように思えるのです。少しばかり屈折しているようにも見えます。

この人は、幸せになれないのではありません。そうではなく、幸せになりたくないのです。こんなふうに書くと、そんな人がいるはずはないと反論する人もいるでしょう。たしかにそうです。本当は誰もが幸せになりたいのです。でも、幸せになりたくても、結果としてそうなれないことはあります。幸せになりたくない人（少なくとも積極的に幸せになろうとしない人）は、屈折した仕方で幸せになろうとしているのです。「幸せになんかなるものか」と斜に構えたりする人も同じです。

それには二つ理由があります。まず、対人関係の中に入っていかないためです。自分が不幸であると思っている人は、積極的に対人関係の中に入り込もうとしません。実際に、人と関われば何らかの摩擦が生じます。嫌われたり、憎まれたり、裏切られたりして、傷つくことがあります。

私が学校で教えていた時、よく「好きな人ができたけれど、どうしたらいいか」という質問を受けました。好きなら好きといえばいいではないかと答えると、「でも」という言葉が返ってきます。

「でも?」

「あなたのことなんか何とも思ってないといわれたら、嫌じゃありませんか」

その学生は、好きな人の心の中に自分の居場所がないという現実を受け入れたくないので、諦めてしまうのです。自分の気持ちを好きな人に受け入れてもらえなかった人は、不幸になったと思います。これ以上、不幸になりたくない人は、好きな人ができてもその気持ちを拒否されるのが怖くて告白しようとはしなくなるでしょう。そのためには、告白しないための理由づけが必要です。それは、自分に価値がないと思い込むことです。自分でも自分のことが好きになれないのに、どうして他人が私を好きになってくれるだろうか、と考えるのです。そして、たった一度でも失恋すると、自分はなんと不幸なのだと思います。もちろん冷静になって考えれば、同じことが次も起こるとは限らないことはわかるはずです。しかし、失恋という不幸の渦中にある人は、深く傷ついた自分は不幸だと思います。そう思う人は少なくとも以後、積極的に対人関係の中に入っていこうとしなくなるでしょう。

「もっと」幸せになることはない

幸せになりたくないもう一つの理由は、幸せになれば注目されなくなるということです。不幸であれば、同情されるなどして人から注目されます。カウンセリングに行けば、「大変でしたね」といわれるかもしれません（私はいいませんが）。

友人から「つらい、もう生きていられない」というメールを受け取った人が、心配になって深夜にもかかわらず友人宅に車を走らせました。そこにはその人の他に、すでに五人がきていました。誰もがこんなことをしてまで注目されたいとは思わないでしょうが、多くの人は、他者から注目を得たいと考えているのは本当です。しかし、適切な行動で注目されなければ問題行動を起こすというのは、決して健全とはいえません。

子どもの頃は、親の不断の援助が必要でした。自分では何もできない子どもは、家庭の中心に生きることができました。しかし、やがて自力でできることが増えていくと、子どもの頃のような格別な注目は自分に向けられなくなります。これが自立するということであり、成長するということです。生まれた頃のように、家族の中心にはいられなくなって当然なのです。人が、家族などの共同体に所属したいと思うこと、ここに自分がいてもいいと思えることは、人間の基本的な欲求です。しかし、それとその共同体の中心にいるというのは、まったく別のことです。何をする時も人から注目されたいと思うのは、共同体の中心にいたいということなのです。誰かを好きになった時、その人から愛されたいと思うことも、私とあなたという共同体の中心にいたいと思うことです。

人は幸せになると、注目されなくなります。子どもの頃から共同体の中心にいて、いつも注目されたいと思って生きてきた人にとって、その事実を受け入れることは、勇気がいります。

これまでのところ、相談者の表現に従って「幸せに〈なる〉」と書いてきましたが、「今は幸せではないけれども、いつか幸せに〈なる〉」のではないのです。また、何かが起これば、人は不幸になったり、幸せになったりするというわけでもありません。この相談者は、幸せになるために何かが起こることを期待しているように見えます。しかし、実のところ、今ある幸せ以外の幸せはないのです。

「もっと幸せになりたい」と考えているのなら、それも違います。幸せは量的なものではないからです。「もっと」幸せになれるのになれないのではなく、今も、これからも幸せは変わりません。「これからも変わらない」というのは、すでに幸せで「ある」のであり、それ以外の幸せはないということです。端的にいえば、生きていること自体が幸せなのです。このことに気づくことが、幸せになることなのです。

ドストエフスキーの『白痴』に出てくる死刑囚は、ついに生きていられる時間が残り五分ばかりであることがわかった時、この果てしなく長い時間をどう使うか考えました。まず友だちとの別れに二分、最後にもう一度自分自身のことを考えるために二分、そして残りの時間はこの世の名残に、あたりの風景を眺めるために当てることにしました。ところが、この死刑囚は死刑を免れます。その後、彼は無限の時間を与えられてどう生きたか。いちいち計算などすることなく、多くの時間を空費してしまいました。助かったのだから、その後一秒たりとも無駄にしないで生きたというのではなく、彼が多くの時間を空費したというところに、リアリティがあります。

息が詰まるような生き方をする必要はありません。いちいち計算することなく生きられるのは、幸せなのです。現在が「不幸というわけではない」といえることは、幸せなことだと思いますよ。

Q9

特に情熱を傾けるものもなく、これといった人生の目標もありません。このまま歳だけを重ねていくことに不安を感じています。

ふと気がつくと、周りは続々と結婚して子どもを授かり、順風満帆な家庭を築いている。高い目標をかかげて、キャリアアップに邁進している人たちもいる。一方で、自分はどうだろう。夢中になれる何かがあるわけでもなく、時間だけがどんどん過ぎていってしまうとしたら？

A

情熱を傾けるものがなくても、
ひとかどの人物に
ならなくてもいい。
はっきりいえば、人生の目標は
なくてもいいのです。

そもそも、「このまま歳だけを重ねる」という生き方ができるのか自体が疑問です。なぜなら、歳「だけ」を重ねることができるとすれば、歳以外のことは何も変わらないという意味だからです。しかし、実際は他のことも変わります。

まずは、自分を取り巻く環境です。

今の時代は、一つの同じ会社に定年まで勤めるよりも、転職する人が多いです。転職するつもりがなかったとしても、会社そのものが倒産することもあります。

次に、自分自身も、歳だけを重ねることはできません。

高校生の時に、担任の教師が同級生の書いた作文を取り上げて講評したことがありました。彼はその作文で、「今日も無為に過ごした」と書いたのです。それに対する先生の批評は「本当に無為に過ごせるとしたら、たいしたものだ」というものでした。人間は無意味に時間を過ごすことなどできない、ということです。たしかにその通りです。生きることとは動くこと、そして変化することです。生きている限り、変化しないということはありません。

哲学者の森有正は、パリのノートル・ダム寺院の裏手の公園に植えられたマロニエの若木が成長していく様子とセーヌ川を遡る伝馬船について、エッセイの中でこう書いています。

「ノートル・ダムの苗木は知らぬ間に数倍に成長している。つい今しがた眺めていたのろのろと遡る伝馬船は、気のつかないうちに上流の視界の彼方に消えてしまう。それは実に深い印象を私に残す。それはまことに見れども飽かぬ眺めである。私の内部の何かがそれに呼応するからである」(『旅の空の下で』)

毎日見ていると木の成長は見えません。しかし、不断に成長し、いつの間にか大きくなっていきます。セーヌ川を遡る伝馬船も同じです。森は「飽かぬ眺め」といっていますが、毎日慌ただしく生きている人は、自分の内部でゆっくり変化していくものと呼応するものがないので、「ゆっくり動くもの」には注意が向かないのかもしれません。歳を重ねていくこと以外のことは「変化しない」のではなく、「変化が見えない」のです。森は、この見えない変化を「変貌」と呼んでいます。何か新しいことを経験しなくても、経験したことは変貌し続けます。大人には、もはや子どもの時のように日々新しいことを学び、昨日できなかったことが今日できるようになるというような〝めざましい成長〟はないかもしれませんが、変貌することはできるのです。ドイツの詩人リルケは、手紙にこう書いています。

「木は樹液を無理に押し出すことなく、春の嵐のなかに平然と立ち、夏はこないのではないかと不安になることはありません。しかし、夏は必ずきます。あたかも目の前には永遠があるかのように静かにゆったり構えている忍耐強い人々のところにだけは」（Rilke, *Briefe an einen jungen Dichter*）

相談者が「木」と違うのは、歳だけを重ねていくことに不安を感じているということです。なぜ、不安になるのでしょうか。それは、静かにゆったりと構えていないからです。もしも不安を感じずに生きようとするならば、「あたかも目の前には永遠があるかの如く」先のことを考えなければいいのです。

「このまま歳を重ねる」人生で幸せ

第三に、今はその「変化」が見えていないのかもしれません。相談者は、これからただ「歳を重ねていく」ことができるような平穏な人生を送れると思っているようです。しかし生きていくうえで避けることのできない変化が、必ずしもよいものというわけではありません。もちろん、それが悪いものとも限りません。相談者が心配しているのは、「このままではいけない」と考えているからでしょう。そしてそう思っているのは、世間的によしとされるような生き方を現在、自分がしていないからなのでしょう。

情熱など持たなくても、ひとかどの人物にならなくても、これといった人生の目標がなくてもいいと私は考えています。相談者のいう「これといった人生の目標」が、何を指しているのかはわかりませんが「結婚する」「昇進する」ということならば、それは「成功」の目標です。

哲学者の三木清は、成功を「一般的」なものだと考えています。多くの人は人生で成功したいと思う。いい学校に入り、いい会社に入り、昇進し、家族を持つ、ということです。就職活動をしている大学生は、皆同じ格好をしています。「就職」という成功を得るためには、他の人と違ってはいけないのです。

一方で「幸福」は、成功とは違い「各人においてオリジナル」なものです。ですから、幸福でありたい人は、他人と同じである必要はありません。そして、成功を目指す人にとっては、まったく理解できない人生を生きます。相談者は成功を目標にしていなくても、幸せでありたいと思っているはずです。不幸になりたい人間はいないのです。

三木は、成功と幸福を対比しています。彼によれば、幸福は人生の中で上位にある目標です。そして、成功は幸福であるための手段です。ただし、成功すれば幸福になるかどうかは、自明ではありません。成功と幸福はまったく違うものなので、成功しても幸福ではないと感じている人は多いように思います。さらに三木は、成功が「過程」であるのに対して幸福は「存在」だといっています。これは、何かを達成しなければ成功しないが、幸福は何も達成しなくても、幸福で「ある」という意味です。そのように考えれば、「このまま歳を重ねていく」人生であっても幸せであることができます。

仕事についていえば、人は働くために生きているのではなく、幸福であるために働いています。ですから、仕事が嫌だったり、生きがいを見出せなかったりするのは、本来おかしいことなのです。今は我慢して働いているけれども、お金を貯めて、あれこれしたいと考えている人は多いかもしれません。しかし、楽しみを先延ばしにしなくても、生きがいを感じ、幸福であることは「今」できるのです。もしも仕事が嫌いではなく、我慢して働いているのでなければ、それは「幸福である」ということです。

以上のことを踏まえて、可能であれば「情熱を傾ける」というほどでなくても、時が経つのも忘れてしまう「何か」を持つことができればいいかもしれません。この相談者に何かしてみたいことが見つかるといいですね。

Q10

目的があって貯金をしようとしているのですが、そうすると普段の生活を切り詰めることになり、楽しく過ごせません。

多くの人にとって「お金」は常に悩みの種。将来の備えや趣味、学費などのために、生活費を切り詰めて貯金をしようとします。けれど、その過程は楽しいものではないでしょう。行きたいところにも行けないし、食べたいものも食べられない。そうなると、明確な目的があったとしても苦しくなってくる。そんな時、どうしたらいいのでしょうか。

A

倹約することばかり考えて
「今」を楽しめないなら、
貯金する意味がありません。
そもそもの「目的」を
見直すべきです。

まず、貯金をすることが何のためなのかを考えなければなりません。それは「幸福」になるためではないでしょうか。

幸福を求めない人はいないでしょう。問題は、どうすれば幸福になれるのか、幸福であるためにはどうすればいいのかという「手段の選択」を誤ることです。

今の時代は何が起こるかわかりません。健康を害したり、会社が倒産して仕事を失ったりすることは、いつでも誰にも起こりうることです。

そう考えると、何かの目的のために貯金するだけでなく、生活のために貯金しておかないと、不慮の出来事に遭遇した時に対処することはできませんから、貯金することは必要であるというのは本当です。

しかし、貯金をしようとするあまりに普段の生活を切り詰めなければならず、そのために日々を楽しく過ごせないのであれば、たとえ将来楽しく過ごせて、幸福になれたとしても意味があるとは思いません。

なぜなら、人は「今」しか幸福になれないからです。振り返れば、かつて幸福だった日々はあったでしょう。しかし、そのような日々が現在も続いているのであれば、それは「今」の幸福です。もしも今は幸福でないと思うのであれば、「あの頃はよかった」と嘆息したところでどうにもなりません。幸福だったのであれ不幸だったのであれ、過去はもはやどこにも存在しないのです。

他方、未来はどうなるかわかりません。おそらく明日という日はやってくるでしょう。けれどその明日という日が今日、自分が想像しているような日になるという保証はないのです。

「今」は準備期間ではない

そのように考えると、お金を貯めてもその目的を達成する日がやってくるかわからないのであれば、まず生き方を見直す必要があります。

人生を旅にたとえる人は多いですが、旅のように人生を生きている人は多くないかもしれません。三木清は次のようにいっています。

「日常の生活において我々はつねに主として到達点を、結果をのみ問題にしている、これが行動とか実践とかいうものの本性である」（『人生論ノート』）

日常生活においては、何か目的を立て、その目的を達成するためにはどうすればいいかを考えます。結果を出せなければ、その行動は失敗か未完成と見なされます。

しかし、旅はそのようなものではありません。

「旅は過程である故に漂泊である。出発点が旅であるのではない、到着点が旅であるのでもない、旅は絶えず過程である。ただ目的地に着くことをのみ問題にして、途中を味うことができない者は、旅の真の面白さを知らぬものといわれるのである」（前掲書）

通勤や出張であれば、目的地に到達できなければなりません。しかも、その場合の移動はできるだけ効率的でなければなりません。

しかし、旅は過程を楽しむもので、急がなければならない理由はありません。たとえ何らかの理由で目的地に到達できなくても、失敗でも未完成でもないのです。どこかへ行こうと決めて旅に出ても、途中で気が変わり行き先を変更することすらあります。

「人生」という旅も、あてもなく彷徨《さまよ》うことであり、たとえ目的地に着かなくても、過程を楽しむことができればいいのです。

「今」は、目的を達成するための準備期間ではありません。人生のどの段階も仮のものではなく、今こそが本番なのです。そうであれば、未来のために必要以上に生活を切り詰めるというのは、人生の本来のあり方とはいえません。

次に、貯金をしている目的は、今の生活を切り詰めなければならないほど重要なことなのか、たとえ達成できなくても過程を楽しめるのだろうかなど、目的を見直さなければなりません。そしてその目的には、さらに上位の目的があります。それが最初に書いた「幸福」です。三木は、この幸福を成功と対置して次のようにいっています。

「幸福が存在に関わるのに反して、成功は過程に関わっている」（前掲書）

成功するためには何かを達成しなければならないのに対して、幸福は何も達成しなくても今ここで、人は幸福で「ある」ことができるということです。相談者の「目的」が何かはわかりませんが、その目的をまだ達成していない今も、すでに幸福であるということです。目的を達成する過程を楽しめるのであれば、目的を立てることにも、それを達成するために貯金すること自体にも問題があるわけではありません。

しかし、目標を実現できないうちは生きることが楽しく感じられないというのは、おかしいのです。倹約することばかり考えていないで、今ある幸福に気づいてください。

Q11

老後の生活が心配です。将来何歳まで働かないといけないのか、そもそも仕事があるのか。考えると不安になります。

「六十歳定年制」はもはや今は昔。六十五歳定年制が徐々に浸透し、人生の中で現役世代でいる時間はどんどん長くなっています。健康寿命が伸び、人生を謳歌できるのはいいことでしょう。ですが、それと同時に多くの人がこれから先の日本や自分自身に思いを巡らし、ため息をついています。

A

考えるだけ無駄です。
不安は未来に対して感じるもの。
現実になった途端、その不安も
消えます。老後の心配は
「その時」に考えればいいのです。

「人生百年時代」といわれることがあります。「そんなに長生きするのかと思うとゾッとする」という人もいます。けれど今後、長寿の人が増えていくというのは本当だとしても、自分が何歳まで生きるのかはわかりません。長く生きたいかどうかという以前に、そもそも長生きできるという保証はどこにもないのです。

若くて健康な人にとっては、病気になるということすら考えられないかもしれません。しかし病気になれば計画していたこともたちまち中止、少なくとも延期しなければならなくなります。ですから、人生の行く手を遮るような出来事にも遭わずに、百歳まで生きることを前提に人生設計をするのは、私には笑止なことに思えます。そうであれば、直近のことであれ(長生きをするとすれば、の話ですが)先のことであれ、訪れないかもしれない未来のことを思い煩って、恐れたり不安になったりすることには意味がありません。

若い人が、これからの人生について具体的に語るのを聞くことはよくあります。けれど、たいていの人がイメージしているのは、学校を卒業し、結婚して子どもを産み、マイホームを建てる、というようなところまでです。おそらく親も若く、祖父母とも一緒に暮らしてこなかった彼らにとって、老後について想像するのは難しいのでしょう。それでも、老後の生活はつらいものになると思っている人は多いようです。しかし年齢にかかわらず、人生はどの時期も苦しいのであり、年を取った時だけがとりわけつらいというわけではありません。

今は老後の生活を不安に思っていても、現実に老後を迎えれば、起こることは起こるし、起こらないことは起こりません。今、まだ見ぬ未来のことで不安になっていても仕方ありません。すべては、その時に考えればいいのです。

生きることは苦しいからこそ、その分、喜びもあります。たとえば病気になることを望む人はいないでしょうし、「病気になってよかったですね」という言葉は、当事者には決していってはいけないことです。しかし、病気になったからこそ知ることができる世界もあるのです。免疫学者の多田富雄は脳梗塞《のうこうそく》で倒れた時、一命は取りとめたものの、声を失い右半身が不随になりました。懸命にリハビリに励んだ多田は、次のように書いています。

「病という抵抗のおかげで、何かを達成したときの喜びはたとえようのないものである」

(『寡黙なる巨人』)

「病という抵抗」がないのが一番ですが、病気になった以上、この抵抗がもたらす「何か」を達成する喜びは、病後の人生を変えます。身体を動かせることすら、決して当たり前のことではなく「奇跡」と呼んでもいいくらいであると気づくと、どんな些細なことにも喜びを感じられるようになるのです。

生きていくうえで感じる苦しみや困難は、鳥が飛ぶために必要な空気抵抗のようなものです。鳥は真空の中では飛ぶことはできません。空気抵抗という風の中でこそ飛翔できるのです。時に、あまりに風が強くて鳥が押し戻されているのを見ることがあります。それでも、鳥が飛ぶのをやめないのを見ていると、生きているというのはこういうことなのだな、と思うのです。

今の時代、年金の支給開始も遅く、金額も多くはないので、老後にどうやって生計を立てるかを考えないわけにはいきません。働かなければ食べていけないのではないかという不安は、たしかにあります。自分の希望にかかわらず、否が応でも働かなければならないのです。それをわかったうえであえていうならば、老後に働けるのは喜びでこそあれ、避けたいことではありません。

ただ、現実的に働けるかどうかは難しいところです。仕事がないかもしれませんし、仕事があっても病気や老いゆえに、思うような仕事に就けないこともあります。あるいは、働きたいと思っていても、働けないことがあります。病気や年齢が原因で働けないという現実に直面するかもしれませんが、それは「その時」に考える他ないのです。

今からできること

この相談者は働きたいけれど、できないということを不安に思っているのではないように見えます。今は若いので、当然仕事をするけれど、老いてからも労働力であり続けなければならない人生を、不安に思っているのです。どうなるのかはわかりませんが、今から準備できることはあります。それは「働かなければならない」と考えないことです。仕事は、義務感でするとつまらないものになります。やりたいことをしていれば、老後もそれを続けられることを喜びに感じられるはずです。普通に会社勤めをしていれば定年があります。その後、仕事を続けるとしても、若い時から働くことを喜びに感じていた人であれば、「働かなければならない」とは思わないでしょう。

では実際、働けなくなった時はどう考えればいいか。フランスの彫刻家であるロダンは、「Bonjour（こんにちは）」といった後、必ず、「Avez-vous bien travaillé?（よく働きましたか？）」とたずねました（辻邦生『薔薇の沈黙』）。会った人にそのような質問をいつもロダンがしていたのは、彼がほとんど休むことなく制作に励んでいたからですが、「働く」という意味を拡張して考えてもいいと思います。本を読んだり、手紙を書いたり、散歩したり、ぼんやりしたり、眠っていたり……。何をしても、していなくても、生きていること自体が「働いている」ということなのです。

人間の価値は、普通の意味で「働く」ということにあるのではありません。現代は生産性に価値を置く時代なので、病気や障害、高齢のために働けない人には「価値がない」という人がいます。そうした考え方をする人は、いつ何かが起きて自分が働けなくなる可能性があると、考えたことすらないように思えます。仕事ができないからといって、自分の価値がなくなるわけではありません。

「仕事」という意味を広げて捉え、他者からは何もしていないように見えても、「働いている」と考えるか、もしくは「生きている」ことそのものに価値があると思えば、どんな境遇の人もこの世界で共存できます。そして、老後のことを不安に思わなくてすむでしょう。

Q12

月曜日や連休明けが、憂鬱すぎてつらいです。どうしたら、少しでも気分が軽くなるでしょうか。

楽しい週末が終わり、日曜日の夕方になると、だんだん月曜日の朝が憂鬱になってくる。きっと、誰しも一度は経験したことがあるでしょう。いわゆる「サザエさん症候群」です。週末や連休が明けて、現実に戻るのがつらいのは仕方ない。この憂鬱な気分を少しでも軽減させる方法はないのでしょうか。

A

そんなに会社に
行きたくないのなら、
思い切って
休んでしまえばいいのです。

月曜日や連休明けは憂鬱なものなのです。「やっと休みが終わった、今日からまた仕事をするぞ」と意気揚々と職場に向かう人は少ないのではないでしょうか。ですから、どうしたら「少しでも」気分が軽くなるのかと問うのは正しいと思います。

しかし一方で、知っておかなければならないことがあります。それは、この「憂鬱」は自分が作り出しているのであり、自分が気分を重くしているということです。どんな気分も、何らかの原因があり、その結果として引き起こされるわけではありません。月曜日や連休明けに出勤する時、多くの人は憂鬱かもしれませんが、誰もがそうだとは限りません。また、月曜日は憂鬱でしょうが、それは月曜日だけではないかもしれません。米国の作家トム・ジョーンズの短編小説集に収められた一編に、「ストーミー・マンデー」の歌詞が引用されています。

They call it stormy Monday, but, Tuesday's just as bad.

これを村上春樹は、このように訳しています。

「月曜日は最悪だとみんなは言うけれど、火曜日だって負けずにひどい」(『月曜日は最悪だとみんなは言うけれど』)

月曜日に憂鬱な人は、その理由をいろいろとあげることはできるでしょう。しかし、月曜日だから気が滅入るわけではない、ということです。憂鬱でなければならない「理由」があると考えたほうが論理的です。

「気分を作り出す」ということについて、夢を例に説明してみましょう。

朝、目覚める前に嫌な夢を見ることがあります。そのような夢を見ることには目的があると、アドラーは考えています。夢は何のために見るのか。一つは、夢の中で現実生活のシミュレーションをするためです。

たとえば、普段はあまり感情を出さない人が、夢で大きな声を出したり、怒りを爆発させたりしてみようと思うのです。現実にそのようなことをするのはあまりにリスクが大きいですが、夢の中であれば何でもできます。試しに怒りをぶちまけてみます。その結果、いい気分にならなければ現実でもそうは振る舞わないでしょうし、逆にせいせいしたと感じたら、現実でも一度怒りを爆発させてみようと思うかもしれません。あるいは、その怒りの対象者が特定されていれば、夢でその人に怒れば気がすんでしまうかもしれません。

試験を控えている人が、試験を受ける夢を見ることがあります。もしも、それが試験に合格する夢であれば（とりわけ当日にそのような夢を見たら）非常に高揚した気分で本番に臨むことができるでしょう。ですから、自信も湧いて、普段以上の実力を出すこともあります。

もちろん、これはあくまでも気分の問題なので、合格した夢を見たからといって、充分に勉強していなければ合格するはずはないということはいうまでもありません。反対に、試験に落ちる夢を見た人はどうなるでしょう。そのような人は、もしも不合格になったらどうなるかということをシミュレーションするのです。もちろん、絶望的な気分になるでしょう。

悪夢から目覚めた人は、落ち込んだまま試験に臨んで失敗するかもしれませんし、逆に最悪の事態をあらかじめ経験したので覚悟ができ、首尾よく試験に合格するかもしれません。また、不合格になった人は、あのような夢を見なければ合格していただろうと自分に言い聞かせることもできます。

いずれの場合も、夢を見ることにはもう一つの目的があることがわかります。それは、感情を作り出すということです。多くの場合、ストーリーは重要ではありません。目が覚めた時に、何らかの気分を作り出すことさえできればいいのです。

シンプルに生きる

話を戻すと、相談者が憂鬱な気分を理由にして会社に行かないのであれば筋が通っているのですが、そうではありません。この相談者は鬱々とした気持ちを抱えたまま、会社に行こうとしているのです。なぜ出社するのでしょう？「こんなに憂鬱なのに、会社に行く私はスゴイ」と思いたいのかもしれません。どのような理由にせよ、屈折しているといわなければなりません。もっとシンプルに生きましょう。会社に行きたくないのなら休めばいいのです。もちろん出社しないことを伝えたら、上司の覚えはよくはならないでしょうし、自分しかできない仕事は残ったままでしょう。それは出社しないことに伴う責任なので、休む以上は自分で引き受けるしかありません。

さらに、「一体、何のために仕事をしているのか」ということも考えておかなければなりません。多くの人は、これに対して疑問を抱いていないかもしれません。働かなければ、生活できないからです。それにしても、一日の多くの時間を職場で過ごさなければならないのですから、その時間が苦痛であれば、生きることもつらくなってしまいます。私ならこの問いに対して、こう答えます。人は働くために生きているのではなく、幸福に生きるために働いている、と。

実際のところ、食べていくためだけに働いている人は少ないでしょう。休みの日にどこかに出かけたり、遊んだりすることが人生の楽しみだと考える人にとっても、「働くために生きているわけではない」という考え方は、あまり抵抗なく受け入れてもらえるのではないかと思います。

もう一点指摘するならば、通勤中は会社のことを放念してもいいではありませんか。休みの日は、仕事のことを忘れて楽しみます。通勤中も仕事のことは考えません。そしていざ会社に着いてみたら、思っていたほど仕事が嫌ではなかった、ということもあります。

先に「ストーミー・マンデー」の歌詞を紹介しました。月曜日はstormyかもしれません。嵐がきそうです。でも、最悪かどうかはわかりません。嵐をワクワクして待ち受ける。それどころか、嵐の中に飛び込んでみてはどうでしょう？　少しは気分が軽くなりましたか？

Q13

最近、歳を重ねていくことが怖くなってきました。

「まだ君は若いから大丈夫だよ」「これからも可能性はたくさん残されている」。そんなふうに、周りから声をかけてもらえていた時期もあった。でも気がつけば、そんな悠長なことをいっていられない年齢に差しかかってきた――。人間が歳を重ねることの意味を考えてみましょう。

A

人生に慣れることができない
自分を肯定しましょう。
そして、若さが失われることは
「喜び」でもあるのです。

人は、生きている限り必ず歳を重ねます。

しかし、そのことを誰もが怖いと思うかといえばそうではありません。詩人の茨木のり子は「ああ、私はいま、はたちなのね」と、しみじみ自分の年齢を意識したことがあったといっています。

ですが、その若さは誰からも一顧だに与えられませんでした。誰もが生きるか飢え死にするかの土壇場で、自分のことで精一杯だったからです。十年経ってから、茨木は「わたしが一番きれいだったとき」という詩を書きました。茨木は、この詩を書いたのも「その時の残念さが残ったのかもしれない」と書いています（「はたちが敗戦」『茨木のり子集　言の葉1』）。

「わたしが一番きれいだったとき
だれもやさしい贈物を捧げてはくれなかった
男たちは挙手の礼しか知らなくて
きれいな眼差だけを残し皆発っていった」

この詩の最後のパラグラフは次のようです。

「だから決めた　できれば長生きすることに
年とってから凄く美しい絵を描いた

フランスのルオー爺さんのように
　　　　　　　　ね」

先に引いたエッセイの中に、茨木は戦争中、学校から薬品製造工場への動員令がきた時のことを書いています。

「『こういう非常時だ、お互い、どこで死んでも仕方がないと思え』という父の言に送られて、夜行で発つべく郷里の駅頭に立ったとき、天空輝くばかりの星空で、とりわけ蠍座《さそりざ》がぎらぎらと見事だった。当時私の唯一の楽しみは星をみることで、それだけが残されたたった一つの美しいものだった。だからリュックの中にも星座早見表だけは入れることを忘れなかった」

その日見た星空のことかわかりませんが、「蠍座の赤く怒る首星　アンタレース」を詠《うた》った詩があります（「夏の星に」）。夏空に輝く星々に、詩人は呼びかけます。

「うつくしい者たちよ
わたくしが地上の宝石を欲しがらないのは
すでに
あなた達を視てしまったからなのだ　きっと」

天上の美を「視てしまった」。茨木の関心は歳を重ねたら移ろう美、誰かから認められなければならない美から離れていったのではないかと思います。

過去に経験したことは尊い

ずっと若くあることができれば、歳を重ねることを恐れないですみます。三木清は次のトロイメル（夢見る人）について、次のようにいっています。

「世なれた利口な人達は親切そうに私に度々云ってくれた。『君はトロイメルだ。その夢は必ず絶望に於て破れるものだから、もっと現実的になり給え。』私は年も若いし経験も貧しい。けれど私の心は次のように私に答えさせる。『私は何も知りません。ただ私は純粋な心はいつでも夢みるものだと思っています』」（『語られざる哲学』）

トロイメルは理想を掲げて真剣に生きようとします。ちょうど旅人が北極星を頼りに旅するように、「導きの星」（アドラー『生きる意味を求めて』）に目を向けている限り迷うことはありません。柳美里の『JR上野駅公園口』にこんな一節があります。

「どんな仕事にだって慣れることができたが、人生にだけは慣れることができなかった。人生の苦しみにも、悲しみにも……喜びにも……」

人生に慣れることができない人こそ、いつまでも若くいられるのです。それと同時に、歳を重ねるから味わえるものもある。生きていくことは苦しく、歳を重ねればいよいよそう感じることが多くなるのは本当です。それでも、歳を重ねればこそ経験できることもあります。長崎で被爆した林京子は次のようにいっています。

「十四、五歳で逝った友人たちは、青年の美しさも、強く優しい腕に抱かれることもなく、去っていったのである。恋する楽しさ、胸の苦しさを、味わわせてやりたかった」(『長い時間をかけた人間の経験』)

また、アテナイの政治家であるソロンはこういっています。

「人間は生きている間にいろいろと見たくもないものを見なければならず、遭いたくもないものにも遭わなければならない」(ヘロドトス『歴史』)

そんな目には遭いたくはないでしょうが、幸い長く生きて人生を振り返ると、過去に経験したことは貴いものに思えます。精神科医の神谷美恵子が『生きがいについて』を執筆中に日記に次のように書いています。

「過去の経験も勉強もみな生かして統一できるということは何という感動だろう。毎日それを考え、考えるたびに深い喜びにみたされている」(『神谷美恵子日記』)

歳を重ねるということがどういうことか、ここに見事に表現されています。それまでの人生で経験したことを「みな生かして統一」できることは喜びなのです。

Q14

やりたくない仕事にどうやって向き合えばいいでしょうか。

念願の職種に就け、志望した会社に入り、希望通りの部署に配属されたとしても、多かれ少なかれ誰もが「やりたくない仕事」に直面する。憂鬱な気分になってしまうタスクに対して、折り合いの付け方はあるのでしょうか。

A

まずは、あなたの思う
「やりたくない仕事」について
冷静に腑分けすることから
始めてください。

仕事をしていれば、気が進まない業務をこなさなければならないことも多々あるでしょう。目の前には仕事をしないと食べていけないという厳しい現実もある。とはいえ、「この仕事はやりたくない、でもしないと生きていけない」と思って一日の大半を過ごすのはつらすぎます。生活のために必要であっても、必要ならなおさら、やりたくない仕事への向き合い方を少しでも変えてみる必要があります。

そもそも、自分がこれから働く会社での仕事がやりたくないことであるとわかっていれば、最初から入ろうとしないでしょう。ですが、こんな仕事をしてみたいと思って就職しても、期待や予想は裏切られます。

編集の仕事をしたいと思って出版社に入ったら営業の仕事をすることになったという場合を考えてみましょう。入社時にそのことがわかっていたのでなければ、なぜこの仕事をしなければならないかを上司にたずねる必要はあります。「初めからやりたい仕事ができると思ってはいけない」とか、「私も入社した時はやりたい仕事はできなかった」という上司の説明に納得してはいけないでしょう。

私が医院に就職した時は、カウンセラーとして就職したのに、受付の仕事もするように上司から言われました。受付の仕事をする意味は自分で見つけましたが、受付の仕事を終えてからカウンセリングをするのは体力的にかなり大変でした。

やりたい仕事なのに、仕事を始めてみると思っていた以上に厄介であることがわかり、そのためやりたくないと思うようになることもあります。仕事ができるようになるには覚えなければならないことも多々ありますから、すぐに頭角を現し、上司に認められるということはまずないでしょう。

だからといって、「成せば成る」というような精神論は助けになりません。「仕事をやりたくない」という思いが起きた時に、少しでもその思いを軽減するためにどう考えればいいのか、何ができるかを考えなければなりません。

負担を軽くする工夫

まず、適性や才能には関係なく、どんな仕事も少しやったくらいではやりたい仕事かそうでないかはわからないので、深く考えずしばらく続けることです。そうすると思いがけず、仕事が面白くなることはあります。

次に、やりたくないのは「仕事のすべてではない」ということを知らなければなりません。創造性や独創性にはすぐに結びつかない、それでも、この仕事は必要なのでしないわけにはいかないと思う時、仕事のすべてをやりたくないわけではありません。仕事の中でも、特に手のかかる業務をやりたくないと思うのです。そのような仕事は、できるだけ省力化するための工夫を凝らします。

私が学生の頃は、論文は原稿用紙に手書きで清書するしかありませんでした。今ならプリントボタンを押せば印刷は短時間で終わりますが、原稿用紙に一時間で二枚か三枚しか書けないので、何日もかけて清書を終えた後は、手が痺《しび》れ、万年筆を握ることができなくなりました。当然、清書は論文を書く最後の段階であり、そこに至るまでに膨大な時間がかかります。問題は論文提出には締め切りがあり、清書する時間がなくなることです。

私の友人はぎりぎりまで粘って論文を書き上げ、清書は何人かの友人にしてもらっていました。私は何もかも自分でしなければならないと思っていたので、人に手伝わせるのかと思って驚きましたが、今となっては人間ではなくプリンターが「清書」しているわけです。

私の場合、何もないところから原稿を書くのは大変な作業ですが、嫌な仕事ではありません。ある程度書いたところでプリントアウトし、それに赤のボールペンなどで修正、加筆していきます。これを後からパソコンに入力するのが、まさに私にとってやりたくない仕事です。

そこで、プリントアウトしながら、あるいは、それすらしないで直接キーボードを叩いて訂正することにしました。そのようにして、一番力を入れたいことに専心したいので、それ以外のところにかける時間とエネルギーを減らすのです。

私は仕事の記録も取っています。何ヵ月も、何年もかかる仕事が多いので、毎日、原稿を何文字書いたかとか、校正をしている時は何ページまでチェックしたかを時間まで記録します。

これはたくさん仕事をするためではなく、ペース配分をするためです。一日何文字とか、一時間に何ページチェックできるかがわかれば、今日はもう仕事を終えようと決心できます。

前述の通り、原稿を書くのは嫌ではありませんが、校正はどちらかといえばやりたくない仕事なので、やりたい仕事に時間をまわしているのです。

そもそも、キーボードを打つのに時間がかかる人は多いかもしれません。キーボードはどの指でどのキーを叩くか決まっているので、練習するしかありません。それまで適当に打っていた人は、最初は時間がかかり、投げ出したくなるかもしれませんが、キーボードを見ないで打てるようになると仕事はかなり楽になります。

今なら音声入力もできます。まだまだ過渡期の技術なので、後から手を入れる必要がありますが、考えていることをリアルタイムで入力できます。

さらに、仕事そのものをやりたい仕事に変えることはできます。ある日、タクシーの運転手さんとこんな話をしたことがあります。

「お客さんを乗せていてこんなことをいうのもなんですが、お客さんを乗せてしまったら、後は目的地まで安全に運転すればいいわけで、この時間は『仕事』をしているわけではないのです。

では、いつが私にとって『仕事』なのかといえば、お客さんを降ろして、次のお客さんを見つけて乗せるまで。その時ただ漫然と車を走らせていてはいけないのです。どこでいつお客さんを拾えるか、データを集めます。こんなふうに考えて十年間車に乗ると、その後の十年が変わってきます。『客が少なくて今日は運が悪かった』といっているようでは、この仕事はやっていけないんですよ」

その人は助手席に置いたノートパソコンにデータを入力していましたが、今なら携帯やタブレット端末に入力できるでしょう。

「客が少ないのは運が悪いからだ」と考えている人は、客を増やすために何ができるかも考えず事態を改善する手を打たないので、空の車を運転していることになり、仕事が嫌になるかもしれません。

けれど、このような工夫をしていると、「必要だけれど気乗りしない仕事」も「やりたい仕事」にすることができます。

また、やりたいこととやりたくないことがある時に、どちらを先に手がけるかということも重要です。

私はやりたくない仕事を後回しにします。そうしなければ、やりたい仕事に取りかかろうとする時、疲労困憊《こんぱい》してもはや体力も気力も残っていないことがあるからです。一方で、後に楽しみを残しておけば、やりたくない仕事でもなんとかやり終えることができることもあります。もっとも私の場合、この原則を仕事に使えないことがあります。というのは、午前中は考えることができるので、メールの返事を書くことなどに割いたりするのは、もったいないと思うからです。

生活のためであっても、仕事を楽しんでいけない理由はありません。先ほど音声入力について触れました。音声入力の研究（大げさですが）に時間をかけるくらいなら、少しでも原稿を書き進めるべきなのでしょう。しかし、合理的でない、他の人には無駄に思えることをしてみると、仕事にばかり囚われないで人生を楽しむことができるのです。

Q15

仕事や人付き合いで忙しく、心に余裕が持てません。

次から次へと降ってくる仕事をなんとかこなし、気がつけばもう夜になっている。それから急いで取引先の相手が待つ居酒屋へと駆けつけ、人脈作りに奔走。なんだか一息つく間もなく、いつも切羽詰まっている。他のことなんて考える時間も余裕もない。だけど、それって本当ですか？

A

「忙しくて余裕がない」は、
ただの言い訳です。
それを理由に必要な決断を
先延ばしにしているだけです。

忙しすぎて心に余裕が持てない。その問題に対する抜本的な解決策は一つしかありません。仕事や人付き合いを減らすことです。

人付き合いに関していえば、それほど難しくはないでしょう。なんとかできないわけではありません。飲み会に誘われても断ればいいだけですし、冠婚葬祭も断ることを決めておけばいいのです。若い人であれば、友人の結婚式に招待されることがあっても断固として断ればいいのです。

美術家の篠田桃紅は「百歳は治外法権である」と、次のようにいっています。

「百歳を過ぎた私が冠婚葬祭を欠かすことがあっても、誰も私をとがめることはしません。パーティなどの会合も、まわりは無理だろうと半ばあきらめているので、事前の出欠は強要されません。当日、出たければ行けばいいので、たいへんに気楽です。しかも行ったで、先方はたいそう喜んでくれます」（『一〇三歳になってわかったこと』）

若い人は、なかなかこんなわけにはいかないかもしれませんが、出席したいかしたくないかだけを基準にして決めればいいと私は考えています。

義理でこられても少しも嬉しくないのではないかと私なら思いますが、誘いに応じなければ怒る人もいるでしょう。ですから、飲み会の誘いであれ冠婚葬祭であれ、断れば「人付き合いが悪い」といわれることを覚悟しなければなりません。それでも、忙しくなるためには「自分の意に染まないことはしない」（前掲書）という決心は必要です。誘いを断れば付き合いが悪いといわれるでしょうが、忙しくはなくなります。誘いを断らなければ付き合いが悪いとはいわれないでしょうが、忙しくなります。理論的には可能な第三の選択肢は残念ながらありません。

本当の問題は、「心に余裕が持てない」という人は、実際のところ、その状態を回避したいとは思っていないという点にあります。そういう人は、どんな状況にあっても「余裕がない、余裕がない」というでしょう。私なら「心に余裕が持てないのではなく、持ちたくないのですね」といってしまうかもしれません。

本当は、忙しいから心に余裕が持てないのではなく、心に余裕を持ちたくないから忙しくしているのです。心に余裕を持ちたくないと思うのには、何らかの「目的」があります。なおかつ、「私は忙しいんだ」と自分を納得させられるだけの理由も必要になります。その理由こそが、「仕事や付き合い」なのです。

これはアドラーがいう「劣等コンプレックス」です。「劣等コンプレックス」とは、「AだからBできない」という論理を、日常のコミュニケーションで多用することです。

この相談の場合、「A」に該当するのは「心に余裕がないこと」です。そして、心に余裕がないことの理由として、仕事と人付き合いがあげられています。

それでは、「B」には一体何が入るでしょうか。突き詰めると、この相談者は自分でもなぜ心に余裕を持てないといけないと思っているのか、それを自覚していないのです。自分でも自覚していないので、これは本人にたずねてみないといけません。

「もしも今、あなたの心に余裕があれば一体何がしたいですか」

あるいは、このようにたずねることもできます。

「心に余裕を持てなくなって以来、できなくなったことはありますか」

こうした問いは、来談者が神経症を訴える時にも投げかけることがあります。来談者は、「神経症になったからやりたかったことができなくなってしまった」といいます。しかし、本心は逆です。その人は、「やりたかったこと」を本当にしたいとは思っていなかったのです。そんな自分の本心を正当化するための手段として、神経症を持ち出したのです。

神経症の場合、来談者は症状を除去してほしいといいますが、症状を除去してはいけないのです。なぜなら、それは必要があって作り出された症状だからです。神経症をなんらかの方法で取り除いてしまうと、目下訴えている症状よりも厄介な症状を来談者が作り出すということが、おおいにありうるからです。アドラーは次のようにいっています。

「神経症者は、一つの症状を驚くべき素早さでなくし、一瞬の躊躇《ちゅうちょ》もなしに、新しい症状を身につける」(『人生の意味の心理学』)

なぜ、こんなことになるのでしょう。先の問いかけに「この症状が出なくなれば仕事に復帰したい」という答えが返ってきたとしましょう。ここから何がわかるかといえば、仕事に復帰したくないことがわかります。ですから症状が出なくなると、仕事をしたくない人は仕事をしなくて済むような理由が必要になります。

できることは二つあります。一つは、仕事に行きたくないのなら「仕事をしたくない」と言葉でいえばいいのです。もう一つは、仕事に行けるようにすることです。

仕事の能力に自信がない人であれば、必要な知識を身につければいいのです。たとえ今、充分な力がなくても、現実を受け入れ、そこから始めるしかありません。「職場での対人関係が苦手だ」という人がいれば、「仕事は人付き合いとは直接関係ない」というようなことを私ならいいます。

自分の人生を生きる

さて、この相談の場合、心に余裕がないのが劣等コンプレックスの論理における「A」なので、「B」が何なのかを知らなければなりません。

はっきりしているのは、何らかの工夫をして、実際に仕事が以前ほど忙しくなくなったり、人付き合いを減らすことに成功したりすれば、かえって困ったことが起こるということとです。他にしなければならないことがあるのに、あるいは人からそのようにいわれているのに、それをしたくないのです。だから、仕事や人付き合いで忙しく心に余裕がないといわなければならないのです。

それはたとえば、「そろそろ結婚したらどうか」という親からの勧めかもしれません。しかし、それは自分で決めればいいので親は本来関係ありません。親からの勧めを断わるために、心に余裕がないという必要はありませんし、実際にそうである必要もありません。親が子どもの生き方に干渉し心配するのは世の常ではありますが、親の期待を満たすために生きなければならない理由はありません。

もしも心に余裕がないことが、自分が本来すべきことを回避するための口実であれば、そのような理由を持ち出して人生の決断を先延ばしにしてはいけないと思います。どんなことをするにも勇気が必要です。最初からすべてがうまくいくはずはありません。できることをしていくしかないのです。

たとえば、後になってから「あの時転職していたらよかった」といっても遅いのです。心に余裕がないからといって必要な決断をしない人は、自分の人生を生きていないのです。

Q16

どうしたら、五十代以降を今まで以上に楽しく生きられますか？

人間の寿命が延びた今、歳を重ねてからが勝負といえるかもしれません。だからこそ、若い頃を謳歌しすぎて、五十代になってから自分にはお金も家族もキャリアもないことに気がついた——そんな事態に陥るのは避けたいはず。それでは、今から私たちはどうやって準備したらいいのでしょうか？

A

自分と他の人と比べても
意味がありません。
成功を目指さず、
好きな仕事しかしないことです。

歳を重ねても、若い人が想像しているような大きな変化が起きるわけではありません。それでも、若い時と何もかも同じというわけにはいきません。自覚していなくても、以前のように無理が利かないことがありますし、そのことに気づかないで無理を重ねると倒れることがあります。

私が心筋梗塞で倒れたのは五十歳の時でした。その前から体調がよくないことに気づいていたのですが、「少し疲れているだけだ」という解釈にすり替えて病院に行かなかったために痛い目に遭いました。この時は幸い一命を取りとめ、ひと月ほど入院しました。ある日の回診時に、退院後の生活について主治医と話をしました。

「退院してからはどう生きていけばいいですか」

「疲れたら休みなさい。元の生活には戻れないが、大抵のことはできる。夜中に電話で呼び出されて出かけていくというようなことでなければ」

「してはいけないことは？」

「これだけのことをいついつまでに必ずやり遂げる、そういうことはやめなさい。高校生が何日も徹夜して何かをやり遂げ、エンドルフィンが出て達成感があるというようなことも」

「講演とか講義は？」

「それはデスクワークでしょう」

「通勤や遠方への出張は？」

「電車に乗ったら心臓に負荷はかかるけれど、乗れないわけではない。仕事は制限しなければなりません。しかし、ロジカルには決められない。どの仕事は引き受け、あるいは引き受けないかは自分でしか決められない。本は書くといいです。本は後に残るし、達成感もあります。強いメンタルストレスがかかると、冠動脈が閉塞することはありうる。しかし、これは誰も予想できない。締め切りのある仕事があって、その時親戚に不幸があって、風邪でもひくと……」

「本は後に残る」とか、「ストレスがかかると、また冠動脈が閉塞するかもしれない」とか主治医は怖い話を始めましたが、退院後大抵のことはできることを知って安堵《あんど》したのも本当です。

今から、あなたができること

生活や老後のことを考えたら、仕事をやめたり、仕事の量を制限したりすることは容易ではありません。生活の問題がないとしても、仕事を続けたいという人はいるでしょう。そのような人は仕事が楽しくて時間が経つのも忘れ、時には徹夜をするようなことがあるかもしれません。仕事には一日の大半を充てなければならないので、仕事が苦痛でたまらないよりはるかに望ましいともいえますが、達成感は得られても、健康を損ねる恐れがあります。そんなことを若い時はまったく考えなくてよかったのが、五十代ともなれば、健康な人でも頭の片隅に置いておかなければなりません。

生活の必要があっても、健康を害してまで働くことはありません。実際に仕事の量を減らせなくても、仕事についての意識を変えることで「楽しく生きる」ことはできます。仕事をしなければ生活できなくなるというのは本当ですが、人は仕事をするために生きているのではありません。生きるために仕事をしているのであり、その「生きる」というのは、「楽しく生きる」ことです。それゆえ、たとえ収入がよくても仕事が苦痛であれば、本末転倒なのです。仕事の目的がわかれば、必要以上の仕事をしようとは思わなくなります。少なくとも、したくない仕事はできるだけ避けようと思うでしょうし、仕事の取り組み方も変えようとするでしょう。

アドラーは人が取り組む課題には、仕事、交友、愛があるといっています。仕事に全力を注ぐと、仕事以外の課題に割くエネルギーと時間が少なくなります。しかし、「仕事に多くの時間とエネルギーが取られるので他の課題に取り組めない」のではなく、むしろ「他の課題に取り組まないために、仕事にだけ全力を注いでいる」というのが本当のところです。ですから、人生における仕事の比重を減らしていく必要があるでしょう。仕事で達成感を得られる時にだけ自分の価値を見出していると、仕事が若い頃ほどできなくなった時に、「自分に価値がある」と感じることが難しくなるからです。

過去を手放すことも、楽しく生きるためには必要です。若い時に成功したことをいつまでも忘れられない人がいます。そのような人は、その後の人生を、〝頂点〟だった時と絶えず比較します。いつかまた当時のように成功したいと思っても、そのチャンスは二度と巡ってこないかもしれません。しかし、成功しなくても幸福に生きられるということを知らなければなりません。

さらに、競争から降りることも必要です。仕事も対人関係も他の人と比べるものではありません。若い頃は皆が結婚するからといって焦りを感じていた人も、そんなことを気にしなくなれば楽しく生きられます。皆と同じような人生を生きても、自分の人生を生きなければ何の意味もありません。誰かと競うこともなく、仕事はしても、成功を目指さず好きな仕事しかしない。これは今からでも始められることです。

第３部　人間関係のストレスを乗り越える

Q17

どうしたら、自分の嫌いな人とストレスにならずに付き合っていくことができますか？

どう頑張っても、その人のことを好きになれない。だからといって、関係を簡単に断ち切ることができる間柄ではない。そんなジレンマに悩む人がいます。そのような時、一体どんな対策を立てることができるのでしょうか。

A

相手の人間性は変わらないし、
こちらも気を遣う必要は
ありません。割り切って
心の距離を取れば、その相手は
「どうでもいい人」になります。

嫌いな人を好きになれば、ストレスなく付き合っていくことができるようになるでしょう。しかし、何もしなければ嫌いな人が好きな人になることはありません。相手のことを嫌いなままでいれば、ストレスを感じ続けることになるので、何とかしなければなりません。どうすればいいか考えてみましょう。

原則的なことをいえば、相手を変えることはできません。変えることができるのは自分だけです。しかし、そう言い切ってしまうと、明らかに相手のほうに問題があるのに、自分が変わらなければならないのは不公平だ、変わるべきなのは相手だと思う人はいるでしょう。正確にいえば、変えなければならないのは、相手でも自分でもなく二人の「関係」です。関係を変えるためには、自分ができることから始めるしかないのです。

まずできることは、距離を置くことです。「嫌い」という感情は一度きりの関係では起こりません。たとえば買い物や食事をした時などに店員の応対で感情を害したというのであれば、それは嫌いになったのではなく、腹が立ったのです。

しかし、相手が何度か常識に欠けることや、気分を害することを繰り返したからといって嫌いになる必要はありません。「嫌い」という感情が起きるのは、相手との関係が近いことを意味しています。誰か好きな人に告白して、その人から「あなたのことは嫌い」といわれたら、実は脈があるということです。なぜなら、何の関心もない人に「嫌い」というはずはないからです。一方で、「あなたのことを何とも思っていない」という答えであれば、脈がないということです。一時的にしか関わらない人であれば、嫌悪感を抱くほど相手との関係を近くしなくていいのです。

ところが、これが嫌いな親と付き合うとなると、なかなか大変なことになります。嫌いであっても付き合っていかなければならないからです。しかし、親との関係であっても、必ずしも仲良くなければならないわけではありません。少し距離を置くくらいがちょうどいいでしょう。

こちらが気を遣う必要はない

次に、きちんと主張することです。職場でいつも浮かぬ顔をしている人や不機嫌な人がいれば、周りはその人に気を遣ってしまいます。その人は周りに気を遣わせ、そのような方法で職場の中に自分の居場所を確保しているのを自覚していないのです。知らないのであれば、本人が意識していない「行動の目的」を教えなければなりません。

ただし、その人との関係がよくなければ、相手も反発して行動を改めようとしないかもしれません。周囲に気を遣わせるのは、甘えでしかないことを認めるのは容易ではないからです。しかし、たとえ指摘することで相手が感情を害したとしても、相手が自分で何とかしなければならないことであり、指摘する側が考えることではありません。

あるドラマを観ていたら、上司が「どうして人に気を遣わせるのだ」と指摘している場面がありました。一喝するのではなく毅然《きぜん》とした言い方だったので、そういわれた部下は初めて、自分が日頃している振る舞いの目的を理解したように見えました。

職場や友人との関係において、どんなことにも反論し文句ばかりいう人もいます。そのような人は、優越感を持ちたいのです。この優越感は劣等感の裏返しです。もし根拠のある自信があれば、文句をいうのではなく論理的に主張するはずです。それができないので、嫌われ者や厄介者として居場所を見出そうとするのです。この場合も、本人はそのことに気づいていないかもしれません。

もちろん、他人がいうことに、いつも唯々《いい》諾々《だくだく》として従うことが正しいわけではありません。しかし建設的な意見を述べるのではなく、周囲から嫌われるようなやり方で主張する人は屈折した方法で認められようとしているのです。その言動は劣等感からくるものです。このような人は他の人から嫌われることを厭《いと》わないので、反論しても素直に受け入れようとはしないかもしれません。それでも話の中身だけに注目して、必要があれば反論するしかありません。

いつも浮かぬ顔をしている人も、文句ばかりいう人も、結局はどちらも屈折した仕方で認められたいのです。ですから周りにいる人は好意を持てず、付き合うとストレスがかかってしまいます。そのような人と関わる時にストレスを感じるとすれば、それがまさに屈折した承認欲求のある人が望むことなのですから、こちらが気を遣って疲弊するのはおかしいでしょう。

Q18

新しいコミュニティに参加して、知り合いを増やしたいと思っています。ですが、その一方で友だちを作るのがとても億劫《おっくう》です。

気心知れた友人と時間を過ごすのは心地がいいし、何より楽だ。でも、自分の世界をもう少し広げたい時、学校や会社、住む場所が変わって新しい環境に身を置いた時、新たな「友だち」が必要だと思う。とはいえ、ゼロから関係をスタートするには労力が必要で、ちょっと面倒くさい……。

A

友だちというのは「増やす」ものでも
「作る」ものでもありません。
孤独を誰かに
癒やされたいと思う人は、
他者に依存しているのです。

昔、私の友人がある殺人事件の犯人の住んでいた部屋の写真を見た時、その部屋が自分の部屋と同じだと思って愕然《がくぜん》としたといっていたことを思い出しました。万年床で壁の四方には山のように多くの本があって、もしも地震が起きたらきっと本が崩れて圧死するだろうと話していました。この友人は、この部屋で暮らし続けて人と交わらなければ、自分もその犯人と同じことをしてしまうのではないかと思い、あるコミュニティに参加しようと決心したというのです。

人と関わらず一人で暮らしていることと殺人との間には、もちろん何の因果関係もありません。今回の相談者はどんな思いがあって知り合いを増やしたいと思っているのだろうかと想像してしまいますが、そうすることが「自分にとってプラスになる」と考えている点では私の友人と同じです。

違いもあります。相談者は新しいコミュニティに参加したいということなので、私の友人とは違い、これまで一度もコミュニティに参加していなかったのではないでしょうし、知り合いが皆無というわけでもないのでしょう。問題は、相談者が「知り合い」と「友だち」を区別していないように見えるところです。

相談者が、知り合いを「増やしたい」といっているのは正しいのです。たしかにコミュニティに参加すれば「知り合い」ができ、その数も増えるかもしれません。しかし、「友だち」は増やすことはできないのです。そもそも私の理解では、友だちというのはコミュニティに参加して「増やす」ものでも、「作る」ものでもありません。コミュニティで知り合った人が後に友だちに「なる」ことはあるでしょう。ですが、気づいたら誰かと友だちに「なっている」のであって、友だちを「作る」ためにコミュニティに入るのは動機が不純だと思います。

もちろん、この場合も「この人と友だちになろう」という「決心」をしているはずなのですが、その決心には理由はありません。ただ誰かに惹《ひ》かれるのであって、なぜあの人と友だちなのかと問われても、本当は理由などありませんし、理由をあげるとしてもどれも後付けのものでしかありません。何かのために友人を選ぶというのは、友情ではありません。同じことは恋愛にもいえます。というか、彼や彼女を「作る」という人がいれば、その恋愛は純粋なものとはいえません。

また、友だちを「作る」のは億劫だとこの相談者がいっているのも気になります。「知り合い」と「友だち」を区別していないのであれば、「知り合いを作る」という表現ができないわけではありません。「知り合い」と区別された「友だち」について、「友だちを作るのは億劫だ」といっているのであれば、前述の通り正確には、友だちを「作る」ことはできないのです。

誰かと友人関係になるのが億劫だと思っている人の周りには知り合いはいても、友だちはいないでしょう。その人は、他者に近づけば知り合いが増えていくように、友だちも増えていくと考えます。しかし、知り合いになるためには何かきっかけがいるでしょうし、友情を育みたいのであれば、なおさら自分が働きかけなければなりません。

人との関わり方は大きく二つにわかれます。一つは他者を支配すること、もう一つは他者に依存することです。今の文脈でいえば、コミュニティに参加して知り合いを増やしたいと思う人は、他者を何らかの手段のために利用し、支配しようとしているのです。一人ではいられない、孤独を誰かに癒やされたいと思う人は、他者に依存しているのです。何らかのコミュニティに属さないで一人でいると、自分が仲間外れにされていると思う人も同じです。友だち（おそらく、相談者の場合は知り合い）を増やしたいけれど億劫だ、という人は誰も近づいてこないでしょう。自分からは何も与えず、与えられることばかり考えているからです。

どちらのタイプの人も自立できていないのです。人を支配する人は、そうすることで自分の優れていることを確認したいのです。「自分には知り合いがたくさんいる」という事実によってしか、自分の優越性を認めることができません。「支配」という言葉は適当でないかもしれませんが、要は他の人よりも自分が優れていると思うために他の人を利用している人は、「他の人がいなければ自分の価値を認められない」という意味で、他者に依存していることになります。

本当に自立した人であれば、一人でいることは少しも苦痛ではありません。「どうしても他の人と交わらなければいけない」とは考えないものです。

大切なのは「結びつき方」

高校生の時、私には友だちがいませんでした。クラスにはいくつかグループがありましたが、どこにも加わりませんでした。どのグループとも適度の距離を置いていたともいえますが、別に孤高を持するためにそうしていたわけではありません。学校に行き勉強をし、話をする人がいれば話をし、そして、帰宅する。これが私の毎日でした。七時間目まで授業がありましたし、学校から遠く離れたところに住んでいたこともあって、授業が終われば一目散に帰って家で夜遅くまで宿題をしたり、翌日の予習をしたりするだけで精一杯でした。だから、放課後、誰かとどこかに出かけようなどとは考えたこともありませんでした。

私に友だちがいないことを心配した母が、担任の先生に相談しました。すると先生は、私が「友だちを必要としない」と答えたようで、それを聞いた母は安心しました。また、その言葉を、母を通じて聞かされた私も納得しました。いつも誰かと行動を共にしなければ気が済まない他の友だちとは自分が違うことを知って、むしろ誇りに思ったものです。

この話を本に書いたことがあります。するとそれを読んだ人が、友だちを必要としないからといって、実際に作ろうとしないというのは、アドラーがいうところの「共同体感覚」とは真逆ではないかといいました。この人の理解では、皆が仲良くすることが共同体感覚の意味するところのようです。それが必ず間違っているわけではありません。しかし、アドラーがいう共同体感覚というのは、「人と人とが結びついている」ということであり、問題はその結びつき方にあることを知っていなければなりません。先に見たように、依存するという形でしか他者と結びつくことを知らない人は、他者と適切な距離を取ることができないのです。

たとえ現実的に誰かと知り合いでなくてもいいのです。誰かと友だちになることを願うのであれば、そして「友だちを作ろう」と思わなくなれば、真の友に邂逅《かいこう》することになるでしょう。

Q19

どうしたら心を広く持って人に接することができるでしょう。すぐにイライラしてしまいます。

どんな人に対しても、寛大な態度で接したいとは思っても、日常生活では親に子どもに、パートナーに、同僚に、友だちに、さまざまなタイミングでイライラしてしまう。どうしたら、この不快な感情と距離を置いて、心穏やかに生きていけるのでしょうか。

A

怒ったところで
他人を変えることはできません。
イライラするなら、
その問題にかかわらないのが
一番です。

他人は自分の期待を満たすために生きているのではありませんから、「私がイライラしないように行動してね」ということはいえません。イライラする人は怒っているのであり、その怒りで他の人を変えようとしているのです。そして自分が願うように他人を変えられないことにさらなる苛立ちを感じているのです。

そもそも、他人を変えることなどできるのか。変えられるとすれば、怒りによって変えられるのか。変えようと思わなければ心を広く持って人と接することができるのか。考えなければならないことは多々あります。「イライラする人は怒っている」と書きましたが、その怒りは大変な剣幕でキレる人に見られる突発的で相手を圧倒するような怒りとは違います。三木清が怒りについて、次のようにいっています。

「すべての怒は突発的である。そのことは怒の純粋性或いは単純性を示している」

「怒の突発性はその精神性を現わしている」（『人生論ノート』）

相手に怒りをぶつけても、いつまでも根に持つのではなく、怒った後はすぐに気分を切り替えられるような人の怒りは純粋、単純、さらには精神的だといっているのですが、子どもをきつく叱った後で抱きしめる親や、飴《あめ》と鞭《むち》で部下を操ろうとするパワハラ上司のことが思い浮かんでくるので、突発的な怒りの「純粋性」とか「精神性」というのは、気まぐれな怒りを正当化する言葉のように私には聞こえます。

また、三木がいうのとは違って「すべて」の怒りが突発的ではありません。イライラする人の怒りは突発的というよりは、習慣的で持続的です。もちろん、誰かの特定の行為についてイラつくことはありますが、ある人の言動が「いつも」苛立たせることもあります。

怒る人は、怒りで相手の行動をやめさせられると考えています。しかし、実際には、行動をやめさせることはできません。もしかしたら、やめることがあるかもしれませんが、怖いからやめたのであり、決して納得したわけではありませんし、また同じことを繰り返すことが多いです。怒ってみても同じことが続くのであれば、怒りには「即効性」はあっても「有効性」はないということです。なぜ有効ではないのか。

アドラーは、怒りはtrennend Affekt, disjunctive feelingであるといっています（『性格の心理学』）。これは「人と人とを引き離す感情」という意味です。怒った人と怒りをぶつけられた人との間には心理的な距離ができます。そうなると、いっていることが正しくても、あるいは正しければ余計に相手は反発して受け入れません。怒りによって相手を変えることはできないのです。怒る人はそれでも人を変えられると考えるので、叱ることでは相手を変えられないという現実を見たとしても、「もう少しきつく叱れば相手は改心して行動を改めるのではないか」という希望を捨てることはできません。

イライラしないですむ方法

叱っても同じことを相手が繰り返すのであれば、叱り方の程度が足りないのではなく、「叱るという方法そのものが、相手の行動を改善するためには有効ではない」と考えるのが論理的なのですが、そのようには考えません。そもそも相手を変えられるのかということについては、考えようともしません。三木は次のようにいっています。

「怒ほど正確な判断を乱すものはないといわれるのは正しいであろう」（前掲書）

怒ることで何をしようとしているのか、何ができ、何ができないのかを正しく判断しなければなりません。つまり、「怒ったところで他人を変えることができない」ということを知らなければならないのです。きつく叱ったら相手が行動を改めたと見えるのは、あなたが相手の行動を変えたのではなく、相手が自分の行動を変える決心をしただけです。

一方で「イライラする人」は、他の人を変えることができないのを知っています。だから、怒りは外には表されません。

それでは、他の人を変えられないとすればどうすればいいか。まず、受け入れ難い言動を見ても、それが自分に何らかの影響も及ぼさないのであれば、見ないことです。子どもが勉強しないでゲームばかりしているのを見ると親はイライラするでしょうが、その結果は子どもにしか降りかからない。つまり、成績が下がることになっても子どもだけが困るのであれば、親は子どもが勉強しないことに一切口出しをしなければいいのです。親子関係に限らず、自分に実質的な迷惑を及ぼされるわけではないけれども見るとイライラすることとは関わらないのが一番です。

次に、相手の言動が何らかの仕方で自分に関わってくるのであれば、改善してほしいことを言葉で伝えることです。「イライラする人は人を変えられないことを知っている」と先に書きましたが、自分がイライラしているのを見て、相手が行動を変えることをどこか期待していることがあります。すぐにイライラする人、いつも不機嫌な人は周りに気を遣わせているのです。相手にどうしてほしいかは、いわなければ伝わりません。もちろん、改善を求めても聞いてもらえるとは限りません。それでも、ストレートに言葉で主張するほうが関係をこじらせないですみます。

この場合も、相手を変えるのではありません。こちらの主張を相手が理解すれば、その人は怒ったりイライラしたりしないで気持ちよく行動を変える決心をするでしょう。

Q20

私がやることにいちいち嫌みをいったり、どなったりする上司に耐えられません。

「仕事が遅い」と怒鳴られて、「あれはどうなっているんだ」と詰められて、挙げ句の果てには「本当に使えないやつだな」と人前でなじられる。こんな上司さえいなければ、もっと仕事もやりやすいのに——。「教育」という名のもとに、部下をどなり散らす上司への対処法とは。

A

やたらと怒鳴る上司は
無能なだけです。
そして、「怖い上司」はあなた自身が
知らぬ間に作り出しているのです。

嫌みをいったり、怒鳴ったりする上司に耐えられる人はいないでしょう。しかし「なぜ上司がそのような態度を取るのか」、「そのような上司と接する時になぜ耐えがたいと思うのか」ということは考えてみなければなりません。ここでの「なぜ」というのは、目的のことです。

まず、上司について考えてみましょう。怖い上司には二通りあります。まずは、部下を叱りつけることが教育に必須だと考えている上司です。体罰やパワハラはよくないことだと考える人でも、それが部下を教育するためには必要だと考えている人は多いです。

よく「叱ることと怒ることは違う、感情的にならずに叱ることは必要だ」といわれることがありますが、実際に人間はそんな器用なことはできません。つまり、叱る時には必ず「怒り」を感じているということです。教育に叱ることが必要だと考える上司は「誰かれかまわず部下を叱ったりはしない、必ず理由がある」というでしょう。部下が何度も失敗を繰り返し、成績が伸びないから叱るのであり、それを正さないといけないのだ、と。

たしかに、入社した時や部署が変わった時には知識も経験も充分ではありませんから、上司の仕事として部下には必要な知識を教えなければなりません。しかし、その時に叱らなければならないかといえば、そんなことはありません。部下を怒鳴りつけたところで、成果が上がるわけではないのです。アドラーは「自分に価値があると思える時に勇気を持てる」といっていますが、叱責された側は、「自分は仕事ができない」「そんな自分には価値がない」と思うからです。一回の失敗について、何かをいわれることは仕方ないと思えても、「お前は何をしてもいつも失敗するではないか」といわれたら、自分に価値があるとは思えなくなるでしょう。

ここでいわれる「勇気」は、仕事に取り組む勇気です。仕事をすれば必ず結果が出ます。だから、勇気が必要なのです。上司が期待するような結果を出せないこと、自分でも思ってもいないような不本意な結果しか出せないことは当然あります。そこで勇気を失くしてしまったら「結果を出せないなら、挑戦するのはやめよう」と思ってしまう。少なくとも、全力を尽くして挑戦しようとはしなくなる。上司から叱られたとしても、「やればできる」という可能性の中にいるほうがよいという判断をするからです。

しかし、困難な仕事をやり遂げてこそ、達成感は得られるものです。上司の仕事は、最初は部下が思うような成果を上げることができなくても、意欲的に仕事に取り組む気持ちになるように援助することです。ですから、自分に価値がないと思わせてしまう「叱る」という行為は、仕事に取り組む勇気を本人から奪ってしまうという意味で逆効果なのです。

もしも部下を適切に指導、教育できていれば、部下の失敗は減り、やがて力を伸ばして上司を超えていくはずです。そうでないとすれば、上司の教育に問題があるのです。そのことがわかっていれば、部下を叱ることなどできないはずです。

やたらと怒鳴る上司は「無能」なだけ

次は、仕事で自分に力がないことを部下に見抜かれることを恐れる上司です。そのような上司は部下が失敗した時はいうまでもなく、仕事とは直接関係のないことで叱りつけることもあります。部下を「支戦場」に呼び出して叱りつけるのです。「支戦場」というのは、仕事という「本戦場」ではないところという意味です。

アドラーは支戦場で叱責することを「価値低減傾向」といっています。部下を貶《おとし》めることで、相対的に自分の価値を高めようとすることです。部下から尊敬されたいのであれば、有能であるしかありません。しかし、無能な上司は、部下を叱ることでしか、優位に立てないのです。要は、部下を理不尽なことで叱りつけるのは、その人の劣等感からくるものなのですから、そんな上司を恐れる必要はまったくありません。

一方、部下のほうもそのような上司から叱られることに目的があります。怖い上司はあなたが作り出しているのです。そういわれても、すぐにはわからないかもしれません。しかし、部下が怖い上司に耐えられないのに、それに対して何も行動を起こさないならば、そこに「目的」があるのです。

それが何かを考えてみましょう。一つは、部下が仕事では上司に認められないので叱られたくはないけれども、せめて「失敗した時に叱られる」という形で、上司に認められたいと思うからです。かなり屈折した「承認欲求」といわなければなりません。このような場合、上司が部下を叱れば叱るほど失敗は続きます。

もう一つは、自己保身と責任逃れです。部下は上司が間違っていることを知っていてもそれを指摘しないことがあります。なぜ上司の間違いを指摘しないのか。その目的は何か。それは、後になって「あの時、上司がいっていたことは間違いだとわかっていた」ということです。このようなことをいう人は、上司の間違いを指摘することで、自分がよく思われないことを回避したかったのです。そういう時に「上司を怖い人だ」と思うことで、何もいわないでおこうと決心することができます。

このような後出しじゃんけんは率直にいって、ずるいです。間違っていると思ったのなら、その場で指摘するべきです。そのことをよく思わない上司はいるでしょうが、有能な上司であれば部下からの指摘をありがたいと思うはずです。そうやって捉えられる上司は、自分がどう見られるかではなく、仕事のことを第一義に考えているからです。本当は、上司は怖くはなく、部下がこのような理由からそう思い込んでいるかもしれません。それが「怖い上司はあなたが作り出している」ということの意味です。

私は、この相談者が「嫌みをいい、怒鳴る上司に耐えられない」というのは良い傾向だと思います。「耐えられないから何とかしないといけない」と思うのであれば、ですが。仕事に取り組まなければ貢献感も持てず、生きがいを感じることはできません。仕事は上司のためにするわけではありませんが、恐れている人と協力して仕事をしようという気にはなれません。余計なことをして叱られたくないので、仕事に積極的に取り組もうと思えないのです。

それでは、どうしたらこのような上司のもとで生きがいを感じられるでしょうか。上司がどんな態度を取ろうとも顔色をうかがわず、指摘が正しければそれを受け入れ、間違っていればそれを正そうと決めておくことです。顧客や患者などにとって有益な判断をし、自分の主張が通ったのならば、上司からよく思われなくても、貢献感を持って生きがいを感じられるようになります。そのような人には、「自分が上司からどう思われるか」ということは、問題ではなくなるでしょう。

Q21

仕事をしないくせに人のことに口出ししたり、意見だけは主張して自己アピールに全力投球だったり。そんな同僚が大嫌いです。

自分では動いていないのに、周囲に対するアピールだけは欠かさない。こちらはアドバイスを求めてもいないのに、余計なことばかり言って他人の仕事を増やしてくる。職場でたまに出くわす、そんな鬱陶しい同僚の生態について分析してみましょう。

A

「いつも口だけ」の人には
「劣等コンプレックス」が、
自己アピールする人には
「優越コンプレックス」があります。
そんな人に惑わされる
必要はありません。

そんな人はいくらでもいます。アドラーはこう述べています。

「よい意図を持っているだけでは十分ではない。大切なことは実際に成し遂げていること、実際に与えていることである」（『個人心理学講義』）

「よい意図」があるだけでいいのなら話は簡単です。たとえば「明日からダイエットする」と宣言すればいいのです。ところが、いっこうに実行に移す気配がないので、友人がダイエットはどうなったのだとたずねたら、きっとこう答えるでしょう。

「ダイエットしないといけないと思っている。でも……」

そういって、結局ダイエットをしません。アドラーは、このように「でも」を多用することを「神経症的ライフスタイル」といっています。

「ライフスタイル」というのは、何かの課題に直面した時に、それをどう解決するかというパターンです。「性格」といってもいいのですが、もって生まれたものではないので、アドラーは「ライフスタイル」という言葉を使っています。そうした人は、課題に取り組んではみるものの挫折する、ということを子どもの頃から繰り返しているはずです。

「でも」といった人は、「するべきなのにできない」と葛藤しているわけではありません。「でも」といった時点で「しない」と決心しているのです。その際、できないこと（実際には、したくないこと）の理由をたくさんあげます。

Q15でも説明したように、アドラーは、「Aだから（あるいは、Aでないから）Bできない」という論理を日常生活で多用することを、「劣等コンプレックス」と呼んでいます。「Aという理由があるのならできなくても仕方がない」と、周囲が納得しないわけにはいかないようなことを持ち出してくるのです。それではなぜ、課題から逃げようとするのか。

それには二つの理由があります。アドラーは「すべての神経症は虚栄心だ」といっています（*Alfred Adler: As We Remember Him*）。「あまりに単純化しすぎて理解してもらえないかもしれない」とアドラーは述べていますが、意味ははっきりしています。先に見たように、あれこれ理由を持ち出して自分の課題を回避しようとする人は、神経症的なライフスタイルで生きているということです。そうした広義の「神経症者」というのは、虚栄心がある。つまり、自分をよく見せたいのです。アドラーは、「怪力男」の話を書いています。

サーカスの舞台で怪力男がさも大変そうにバーベルを持ち上げます。観客が拍手喝采する中、子どもが舞台に入ってきます。そして、その男が今しがた持ち上げたバーベルを、片手でひょいと持ち去っていきます（『人はなぜ神経症になるのか』）。

アドラーは、このように実際には軽いバーベルを仰々しく持ち上げることで人を欺き、過度な負担がかかっているように見せることに熟達している神経症者が多いといっています。だから、そういう人は大変そうに何かを達成することで、よく思われたいのです。これが、虚栄心です。

次に、成し遂げることができないと予想される時、あるいは、実際にできなかった時に、その理由をあげます。やり遂げた場合は、いかにも大変なことであったかのように振る舞います。まるで、怪力男のように。

問題から逃げようとするもう一つの理由は、「やればできる」という可能性の中に生きたいからです。少しでもできないと感じたら、挑戦しようとしない人がいます。そのような人は、子どもの頃に次のようなことをいわれたことがあるかもしれません。

「あなたは、本当は頭のいい子だから、本気を出して一生懸命勉強すれば、いい成績が取れるのよ」

親にそういわれたので実際に本気を出して勉強し、いい成績を修められなかったら、勉強ができないという事実を認めざるを得なくなります。だから「勉強したらできるはず」という可能性の中にいたほうがいいと考えるのです。このような経験をした人は、大人になってからも同じことをしているわけです。

私は大学で古代ギリシア語を教えていたことがあります。授業では、文法の説明をした後に、学生に練習問題のギリシア語を日本語に訳してもらっていました。ある時、当てても答えようとしない学生がいました。なぜ訳さないのかと訊くと「間違えたら、できない学生だと思われるのが嫌だったから」というのです。この学生は、英語はもちろん、ドイツ語もフランス語も完璧にマスターしていました。それまでの人生で、「できない」という経験をしたことがなかったのです。

学生が答えなければ、授業になりません。どこが理解できていないかがわからなければ教えようがありませんし、教師の教え方に問題があるかもしれません。私が「間違えても、できない学生だとは決して思わない」と、その学生に約束すると、次の時間から間違うことを恐れなくなり、それに伴って力も伸びていきました。勉強であれ仕事であれ、現実の自分を受け入れるところから始める他ないのです。

なぜ他人の仕事に首を突っ込むのか

今回の相談では、同僚が「自分はできない」という現実に挑戦することを恐れ、力が足りないということを自覚しないだけに留まらず、他人の課題に土足で踏み込んでいるという点が問題です。頼まれもしないのに人の仕事について何かいえば、それは「口出し」です。

問題は、そうした口出しは決して人のためではないということです。自分は何もしないで他人を動かせば、自分が優れていると勘違いする人がいます。もちろん、リーダーの立場にいる人であれば、部下に任せなければなりませんし、自分が動いてはいけないことはあります。それでも、部下が「上司に従って仕事しよう」と思うのは、リーダーがただ口でいっているだけではなく、その仕事をもしリーダーがやれば、自分たちよりも見事にできるということを知っているからなのです。

ところで、この人はリーダーではないですね。同僚です。自分で動かないで指示だけする人は、嫌われます。自己アピールをする人は、アドラーであれば「優越コンプレックス」がある人だというでしょう。優越コンプレックスは、劣等感の裏返しです。本当に優れている人は自分の有能さを誇示しませんし、その必要性をまったく感じません。優れた人は、ただ優れているのです。

若い人であれば「過去」もないわけですが、過去の栄光にすがる人もいます。そのような人も、優越コンプレックスがあるのです。または「今の若者とは違って、もっと仕事をしたものだ」と自慢する化石のような人もいます。そのようなことをいう人の若い頃には、パソコンはなかったはずです。ですから、現在の若い人たちは、当時よりもはるかに多くの仕事を早くしているはずなのです。

以上のことを踏まえ、なぜその問題の同僚が自己アピールするのかを理解したうえで、鬱陶しいとは思わずに毎日を過ごすのが賢明です。そのような人のために無駄なエネルギーを使い、日々の平和を乱されるのはまっぴらです。

Q22

アドラー心理学では、子どもを「ほめない」「叱らない」「対等に接する」とありますが、なかなか実践できません。

子どもが悪いことをしたら叱り、いいことをしたらほめてあげる。ごく普通のことのように聞こえるかもしれませんが、アドラー心理学では親は子どもを叱ることも、ほめることも推奨していません。我が子が幸せな人生を送るために、親はどのように子どもと接していけばいいのでしょう。

A

叱られたりほめられたりすると、
子どもは自分に
価値があると思えなくなる。
親は、まず自分がしていることの
意味を理解しましょう。

どんな思想も、ただ「理解するだけ」なら簡単です。内容が難しければ、理解する努力をすればいいのです。ところが、それが自分の生き方を根本的に変えるとなると、「頭ではわかるけれど実践できない」という段階で踏み留まりたがる人がいます。つまり「なかなか実践できない」というのは、「できない」のではなく「したくない」のです。なぜそうなるのか、考えてみましょう。

「ほめない」「叱らない」「対等に接する」ということの三つは、別々のことではありません。「子どもに対等に接する」ということが、子どもをほめないことであり、叱らないことなのです。対等に接することができないのは、そもそも「対等である」ということが、どういうことかわかっていないのです。アドラーは次のようにいっています。

「仕える人と支配する人に区分することを頭から追い出し、完全に対等であると感じることは今もなお困難である。しかし、このような考えを持つことが既に進歩である」(『性格の心理学』)

つまり、「対等である」というのがどういうことかを考えたことがない人が多いようにみえます。「対等である」ということを理解するために、対等の関係ではほめたり叱ったりすることはない、ということをまずは知っておかなければなりません。

それでは「叱る」ことについて先に考えてみましょう。子どもが何か問題を起こした時でも、もしも親が彼らを対等に見ているならば、どこが問題なのかを説明したうえで、改善を求めればいいのです。それなのに、子どもを叱るのは「言葉でいってもわからない」と思い込んでいるからです。つまり、相手を見下しているのです。

一方で、「ほめる」ことも相手を対等には見ていません。子どもはほめられたら喜ぶし、いい子になるではないか、という人は多くいます。しかし、子どもと自分が対等な関係であると思っている親は、子どもをほめることはしません。

幼い子どもが電車で泣いたり、グズグズいわないで長い時間乗れたりしたら、親はほめるかもしれません。しかし、大人に対して「静かに電車に乗れて偉かったね」などとは、決していわないでしょう。そして「子どもにはできない」と思っていたことができた時、大人は子どもをほめます。それは、子どもの立場からすれば「自分にとっては難しくないことなのに、できないと見られていた」ということになります。それを子どもが知れば、馬鹿にされたと思うはずです。

自分の価値を見失う

叱られたりほめられたりすると、自分に価値があると思えなくなるのが、第一の問題です。今し方犯したばかりの失敗について叱られるのであれば、自分に非があるので仕方がない、と考えるかもしれません。しかし、「何をやらせても駄目だ」とか「いつも失敗ばかりしているではないか」というように、職場であればパワハラ以外の何ものでもない叱責を親から受ければ、子どもは人格を否定されたと感じ、自分に価値があるとは思えなくなるでしょう。

また、「ほめる」ということは「子どもにこうなってほしい」と条件づけることです。「こんな子どもは認める。でも、こんな子どもは認めない」ということを子どもに対して宣告することになるので、親からほめられない子どもは、自分を過小評価するようになります。

自分に価値があると思えなければ、勇気を持てません。ここでいう「勇気」とは、仕事（子どもであれば勉強）に取り組む勇気、対人関係に入っていく勇気です。勉強は子どもの課題なので、自力でするしかありません。もしも勉強しなければ、その責任も子ども自身が引き受けるしかありません。ですから、親が子どもに勉強させることはできないのです。それでも子どもを叱れば、自分には価値（能力）がないと思った子どもは意欲を失い、いよいよ親の期待に反して勉強しなくなります。

他にも問題点があります。自分を卑下してしまう子どもは、対人関係に入っていこうとしなくなることです。人と関われば嫌われたり憎まれたりと、傷つくような経験を避けることはできません。しかし、それを恐れた子どもは、親から叱られて「自分には価値がない」と思ったことを逆手にとり、「自分には価値がないから人と関わらないでおこう」という決心（たとえば、学校に行かないでおこうという決断）を下します。そして、親は子どもが不登校になれば、たちまちパニックに陥ります。

対人関係の中で傷つくこともありますが、それでも幸福を感じられるというのも事実です。子どもの幸せを願わない親はいないと思います。しかし、親の行動はその願いとは裏腹のものです。親は叱ったりほめたりすることで、子どもが受ける影響を理解せずに、彼らのためにならないことをしているのです。それをわかっていれば、叱ることもほめることもできないはずです。ですから、「実践できない」という前に、自分がしていることの意味を理解することが先決です。

次に、ほめられたり叱られたりして育った子どもは、叱られなかったら、あるいはほめられなかったら、自分がしていることに価値があるのかどうかを自分自身で判断できなくなることが問題です。

本来、自分がしていることの価値、自分自身の価値は自分で認められなければなりません。それが正しいかどうかは、叱られる、叱られないにかかわらず自分で判断できなければならないのです。叱られなければ問題行動をやめない、叱られたらやめる。ほめられたら頑張る、ほめられないと何もしないというのでは駄目なのです。叱られて育った子どもは、「いい子」かもしれません。しかし、そのような子どもでも絶えず親の顔色をうかがい、自分からは積極的に行動しなくなります。

第三に、上記と関連して「叱ること、ほめることをやめられない」という人の一番の問題は、子どもを自分に依存させて、優越感を抱きたいと思っている点にあります。子どもが自分のいうことを聞き、子どもの行動を評価できれば、嬉しくてたまらないのです。そのような親も小さい時から叱られ、ほめられて育ってきたので、自分の価値を自身で認められなくなっています。

さらに、そのように育つと他者と競争するようになります。きょうだい関係についていえば、親に叱られずほめられることで、他のきょうだいよりも上に立とうとします。ほめられたら優越感に浸ることができます。勉強や仕事は本来、優越感とは何の関係もないことですが、このように育った人は、やがて自分の価値を競争や上下関係でしか考えられなくなります。

ですから、仕事に自信が持てず、部下から自分が無能であることを見透かされるかもしれないと恐れて、仕事とは関係のないことで理不尽に部下を叱りつけます。部下の価値を貶めることで、自分が優位に立とうとするのです。家庭でも、子どもから尊敬されていないと思っている親は、叱ったりほめたりして子どもを依存させることで、自尊心を満たそうとしているのです。

「ほめない」「叱らない」「対等に接する」ことを実践できないという人は、「できない」のではありません。ただ、実践したくないのです。なぜなら、そうすることは自分の優位性を危うくするからです。

第4部　恋愛、結婚の哲学

Q23

もうこれ以上進展がない相手との関係をどうやったら断ち切って、前に進むことができますか。

この人は自分と真剣に付き合う気がない、もしくは「彼氏」「彼女」であっても一緒に住んだり、結婚したりする気がない。この先二人の関係がどこにも向かわないのであれば、新しい誰かと将来を望める時間を過ごしたほうがいいのでしょうか。

A

将来が見えない相手との関係を
強引に「断ち切る」必要は
ありません。
徐々に「服用回数」を
減らしていけばいいのです。

目標など決めずに「今ここ」を楽しく過ごしていれば、いずれなるようになる。それはそうなのですが、「なる」ことが、「これ以上関係が進展しなくなる」ということであれば、将来に希望を持つことは難しいでしょう。

必らずしも二人の関係のゴールが結婚である必要はないと思います。しかし、互いに相手のことが好きで関係を前に進めたいのであれば、何よりもその目標を一致させる必要があります。ここでいう「目標」というのは、二人がこれからの関係をどうしたいかということです。

学生時代であれば、ただ一緒にいればよかったかもしれません。しかし卒業が近づいてくると、卒業後どこに住むのか、住むのなら一緒に住むのかそうでないのか、どんな仕事をしてどこで働くかといったことを細かく決めなければなりません。遠距離恋愛をすることになるかもしれません。こうした決断を迫られるので、学生時代に付き合っていた二人が結婚には至らないことはよくあります。このような外的環境でなくても、一方が結婚を目標にし、もう一方にそんな気がまったくないのであれば、お互いの目標の相違が明らかになった時点で彼らの関係は終わるかもしれません。

相手は結婚できない事情をいくらでも持ち出してくるでしょうが、それらはどれも結局、結婚しない、結婚したくないことを正当化するために必要な後付けの理由でしかありません。関係を前に進めたいのであれば、これからどうするかという話をきちんとするべきです。その話を持ち出して関係に摩擦が生じるようであれば、前に進む見込みは残念ながらありません。

あるいは、もっと前から関係がギクシャクしていて、もう相手の顔を見るのも嫌、同じ空間にいるのも耐えられないというのであれば、話は簡単です。その場合、別れた直後は精神的に強い痛みが残るでしょうが、もう少し時間が経てば、かさぶたが剝がれるような状態になりますから、とにかく感情的にならないことが大切です。

今以上にもっと相手を嫌ったり、恨んだりするのは、別れる決心を後押しするためですが、かさぶたをわざわざ無理矢理引き剝がすようなことをする必要はありません。そんなことをすれば、血が吹き出し、傷はいよいよ深くなってしまいます。

「服用回数」を減らせばいい

相手が真剣に付き合う気がないのがわかっていても、そんな相手と別れる決心ができないのであれば、話は複雑になります。言葉では関係を切りたいといっていても、ずるずると付き合っているのであれば、言葉よりも行動が本心を表しています。いっていることとしていることが違う時は、していることが本心です。つまり、別れたくないのです。この場合も、別れるために関係を「断ち切って」しまおうと思わないほうがいいでしょう。

“taper”という英語があります。これは、細い小さな蠟燭《ろうそく》のことで、動詞としては「先細りにする」とか「次第に減らす」という意味があります。

薬を服用している場合、薬によっては症状がなくなっても、すぐにやめてはいけないものがあります。やめた途端に強い副作用が出ることがあるからです。そのような場合、薬を“taper”しなければなりません。一度に飲む薬の服用量を減らすか、あるいは服薬の回数を減らすかです。そうして、少しずつ薬の量を減らし、最終的には服用から完全に離脱するのです。別れる時も、上手に“taper”しなければ、別れたけれどまた付き合うということになりかねません。ですから、二人の行く末に暗雲が立ち込めたならば、しばらくの間、まったく会わないのがいいかもしれません。

たとえ喧嘩《けんか》をして、もう顔を見たくないと決めても、メールをしたり電話をしたりすれば、また会いたくなります。そして再会すれば、また同じことでもめてしまいます。長く会わなくても、意外と平気かもしれません。たとえば、二ヵ月間まったく連絡を取らないで過ごし、その後にそれでもなお会いたい、話したいと思えるのなら、振り出しに戻ればいいのです。

いいえ、「戻って」はいけないかもしれません。

「目標が一致することが関係をよくするために必要だ」と書きましたが、どんな目標であってもいいわけではありません。

また、それを未来に設定するのかも自明ではありません。

相談者は「今ここ」で一緒に過ごしている時に満たされていないので、「進展」させなければならないと焦っているのです。たとえ、二人の目標が一致したとしても、その目標の実現だけに目を奪われてしまうと、せっかく一緒にいられるのに喧嘩することになってしまうでしょう。

Q24

興味がない人からは好かれるのに、振り向いてほしい人には相手にされません。

どうして好きな人とは、両想いになれないんだろう。そんなもどかしい思いをしたことがある人は、少なくないのでは？　憧れのあの人には見向きもされないのに、恋愛対象外の人物には好意を持たれる……。恋愛の不思議を、哲学の観点から紐解きます。

A

大事なのは「働きかけ」。
愛されたければ、相手の心に
「レゾナンス（共鳴）」を
引き起こすしかありません。

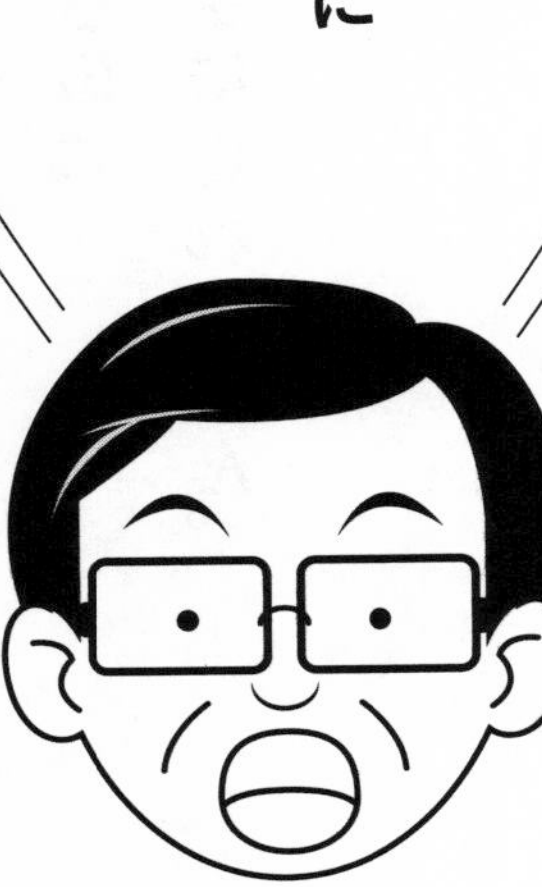

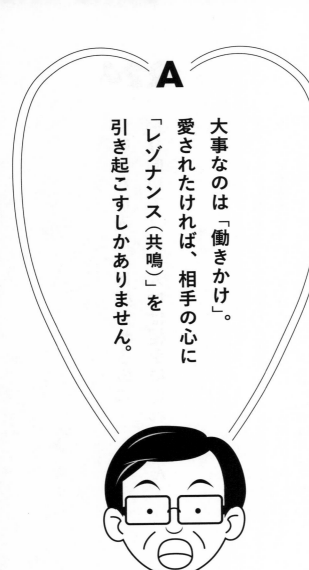

自分が気になる人に振り向いてもらえるのであれば、恋愛はたやすいでしょう。しかし、実際にはこの相談にあるように、興味がない人からは好かれるのに、振り向いてほしい人には相手にされないということがあります。

誰かを好きでも、「その思いを打ち明けるような働きかけをしないでいい」と考えると、話はシンプルになります。振り向いてもらえなくても、それでいいと思えるからです。もっとも、そのように一方的に人を愛することに問題がないかといえば、そうではありません。森有正が初めて女性に郷愁に似た思いと憧れ、そして、微《かす》かな欲望を感じた頃のことを書いています（『バビロンの流れのほとりにて』）。

実際には、森はその憧れた女性とは一言も言葉を交わすことなく夏が終わり、彼女は去ってしまいました。それなのに、森は「全く主観的に、対象との直接の接触なしに、一つの理想像を築いてしまった」のです。それは実際の彼女ではなく、森がイメージした「原型」でしかありませんでした。けれど、言葉を交わさなかったことは、森にとってはよかったかもしれません。なぜなら彼女は森の心の中で、永遠に原型として生き続けることができたからです。

しかし、憧れを抱くだけで言葉を交わさないのであれば、そのような関係のあり方を「愛」といえるのかを考えてみなければなりません。言葉を交わす以前は、人の姿をしていても「もの」と変わりません。好意を寄せる人が原型や理想像ではなく、現実の「人」「人格」になるためには、言葉を交わす必要があります。哲学者の波多野精一が、人格の成立について『宗教哲学』の中で次のようにいっています。

窓から眺める道行く人は、眺めている限り、「人」と呼ばれているけれども、実は人ではなく、人の姿、即ち「もの」でしかない。ところが、その中の一人が立ち止まって、振り返った。彼が口を開いた。その人はわが友だった。その人と言葉が交わされる。この時「人格」が成立したのだ、と。言葉を二言三言交わすだけで、人格としての他者を「知る」ことになるかといえば疑わしいですが、会話をすることで相手が自分の思い描いていたような人とは違っていたことに気づくことはあります。

また、最初に話した時に「これが現実の人だ」と思ったとしても、それもまた言葉を重ねることで変わっていきます。そして相手もまた、自分の現実を知ることになります。ですから、たとえこちらが相手に好意を持つようになっても、相手は幻滅するかもしれません。これとは反対のことも起こります。つまり、言葉を交わさないうちは何とも思わなかった人が、言葉を交わした時から相手のことが気になりはじめ、好意を持つということです。

この相談者は「振り向いてほしいのに相手にされない」といっていますから、好きな人には、何らかの「働きかけ」をしているはずです。相手にどのように働きかけるかによって、相手の反応は違ってきます。その方法に何か問題があるので、相手が振り向かないということがあるのです。

人間は「自由」によって愛を感じる

働きかけには二つの種類があります。一つは積極的に働きかけることです。振り向いてほしいので、自分の存在をアピールします。ここで、非常に逆説的なことが起こります。先に引いた森有正は「愛は自由を求めるが、自由は必然的にその危機を深める」と述べています（『砂漠に向かって』）。

「どんな時に自分は愛されていると思えるか」と考えると、それは相手が自分を縛らず、自分は自由であると思える時です。ですから束縛や拘束、支配はかえって相手を自分から遠ざけることになるのです。たとえば、職場で飲み会がある時に、付き合っている人から、どこに行くのか、誰と行くのか、何時に帰ってくるか、と事細かにたずねられたら、信用されていないと思うかもしれません。

それでは、相手を縛らずに、その人が自由である状況を作るとどうなるか。森がいうように、愛の「危機を深める」ことになります。何をしても許される状況では、たちまち他の人へと関心を移すことがありうるからです。しかしこうしたことが、森がいうように「必然的」であるわけではありません。自由であれば、必ず関心が他人に移るとは限らないからです。むしろ、自由が愛を成就することが起こります。

この世には、強制できないことが二つあります。一つは「尊敬」、もう一つは「愛」です。「私を尊敬しなさい」「私を愛しなさい」といわれても、尊敬したり、愛したりすることはないでしょう。

先に述べたように、振り向いてほしい人には何らかの方法で働きかけているはずです。たとえ、あなたが意中の人に振り向いてもらおうと、強制したつもりはなかったとしても、相手がその「働きかけ」を「私を愛しなさい」と言われたのと同じように受け取るということはありえます。そう考えれば、振り向いてほしい人に相手にされないということが起こるのは理解できます。

もう一つの働きかけ方は、「働きかけない」というものです。

関心がない人に、働きかけることはしないでしょう。つまり、「興味がない人からは好かれる」のは、働きかけないからです。関心のない人から好かれるのは困ったことでしょうが、「働きかけなければ好かれる」ということを知っている人は、好きな人に積極的にアプローチせず、興味を持っていないふりをすることがあります。

メールにすぐに返信しなければ、相手はやきもきし、何か気に障るようなことを書いたのではないか、と不安になります。そうやって相手の関心を引きつけようとするのです。このような駆け引きの是非は措いておくとして、なぜ積極的に働きかけなくても他者に影響を与えるのかを考えてみましょう。

ドイツの作家ルー・ザロメが男性と情熱的に接すると、九ヵ月後には、その相手男性は一冊の本を書きました（ペーターズ、H. F.『ルー・サロメ 愛と生涯』）。彼女と親交のあったニーチェもリルケもザロメから霊感を受けて本を書き、詩を書きました。本を書いたことはなくても、新しい恋が始まれば、読む本が変わり、聴く音楽が変わるという経験をした人は多いでしょう。その際、この変化は自発的に起こります。このように考えると、もう一つの働きかけを付け加えることができます。積極的でも、何もしないのでもなく、他者を支配せず、支配もされず、自分のままでいながら影響を与える――「レゾナンス（共鳴）」という働きかけです。

愛されたいと思うのなら、相手の中に共鳴を引き起こしうるような何かを持つしかありません。そのうえで、相手がこちらの働きかけに共鳴するかどうかは決めるわけにはいかないのです。なぜなら、振動数が同じでなければならないからです。

今回の相談のもう一つの問題は、この相談者が責任を免れているところにあります。つまり、気になる人には相手にされませんから、「私はこんなに好きなのに振り向いてもらえない」と相手のせいにして言い訳できるのです。

だからといって、好きでもない人から好意を寄せられても、その人とも関わりを持とうとはしないでしょう。それでは、相手に自分の気持ちを受けとめてもらえたら恋愛がうまくいくのかといえば、残念ながらそんなに簡単なことではないのです。

自分が好きな人に振り向いてもらえて、愛されたら嬉しいでしょうが、これは恋愛の始まりでしかありません。自分もまた、相手を愛さなければなりませんし、関係を育む努力をしていかなければならないからです。

しかし、時にその努力が実らないこともあります。「もしも振り向いてもらえたら」という可能性の中に生きている間のほうが楽かもしれません。けれど、自分が働きかけ、人を愛し、その責任を引き受ける覚悟なしに、恋愛は成就しないでしょう。

Q25

好きになってはいけない人を本気で好きになってしまいました。いけないことと理解しつつも、別れることができません。どうしたら、この関係を終わらせることができるでしょうか？

パートナーがいる人を好きになってしまった。最初は軽い気持ちで関係をはじめたつもりだったのに、いつの間にか深入りしてしまい、どうしていいかわからない。そんな苦しい恋のお悩みを解決します。

A

「好きになってはいけない人」であることが問題なのではありません。あなたは今の関係が自分のためにならないことを、心から理解するべきです。

恋愛は、可能性の中にある時はたやすいものです。ひそかに誰かのことを好きでいるだけならば、相手から自分の気持ちを拒否されてつらい思いをすることはありません。また、実際に話してみたら、自分が思い描いていた憧れの人とはあまりにもかけ離れていることがわかって幻滅する、ということもありません。嫌われたり、憎まれたり、裏切られたりして、傷つくことを恐れていれば、そもそも恋愛などできないのです。恋愛に限らず、およそどんな対人関係でも摩擦が起きないわけにはいきません。

この相談者は、恋愛の現実に入っていく勇気はありました。しかし、その現実に向き合う姿勢が後ろ向きであることが、私は気になります。「どうしたらこの関係を終わらせることができるか」といっているからです。

もちろん、最初から関係を終わらせようと思っていたわけではないでしょう。それどころか、「本気で好きになった」というのですから、関係が悪くなったわけではないようです。それなのに、「どうしたら関係を終わらせることができるのか」と問うているのは、相手が「好きになってはいけない人」だからです。しかし、この論理は決して自明ではありません。「相手が好きになってはいけない人」だから、「必ず関係を終わらせなければならない」というわけではないからです。

付き合いはじめた最初の頃は、相手が「好きになってはいけない人」であることは二人にとって問題になっていなかったか、それほど大きな問題ではなかったはずです。想像するに、何か二人の関係に影響を与える問題が起こったのでしょう。それは「二人の関係をめぐる問題」ではなく、関係を続けていくことを困難にする「外から降りかかった問題」です。そのような問題が起こった時、どちらか、あるいは双方が「別れたほうがいいのではないか」という話を切り出したのです。一度切り出された別れ話は、二人の関係を最初の頃とは違ったものにします。「別れ」を意識せざるをえなくなることは、問題の種類や程度の違いこそあれ、誰にも起こることです。

二人の関係自体から生じる問題もあります。たとえ相思相愛でも、互いの気持ちがその後もずっと変わらないことなどありえません。寝ても覚めても頭から離れないほど好きだったのに、ある日憑《つ》き物が落ちたように好きではなくなることもあります。しかし、たとえどんな問題が起きても、関係が良好であれば、力を合わせて困難を乗り切ろうとするでしょう。ですから二人の問題が、関係を悪くするわけではないのです。

そう考えると、相談者が「どうすれば別れることができるか」と聞いていることは、私には後ろ向きで、かつ、短絡的だと思えるのです。別れる他にも解決方法があるはずなのに、相談者は「別れる以外に問題を解決する方法はない、でも別れられない」といっているだけです。実際には、何も問題を解決しようとはしていないのです。

人は、恋に「落ち」ない

また、相談者が「好きになってしまった」といっている点も気になります。この言い方には、「自分ではどうすることもできなかった」という含みがあります。気がついたら誰かを好きになってしまい、その人が、「たまたま」好きになってはいけない人だったのだ、と。

恋は、「落ちる」ものだと考える人は多いでしょう。しかし、恋は「落ちる」、つまり好きになってしまうのではありません。あくまでも、自分が「この人を好きになろう」と決めたのです。どうして「好きになってしまった」のではなく、「好きになろうと自分が決めた」といえるのでしょうか。それは、付き合い始めの頃はその人の長所に見えていたことが、関係がうまくいかなくなった時に短所に見えてくることがあるからです。「頼り甲斐《がい》がある人」が「支配的な人」に、「優しい人」が「優柔不断な人」というように。誰かを好きになる時、まず「この人を好きになろう」という決心があり、その後にその人を好きな理由を探す、と考えるとよくわかります。

恋愛相手として、難しい人を選ぶ人はいます。どんな恋愛も、周りが非難したり批判したりすることはできませんが、人は恋に「落ちる」のではなく、「選ぶ」のであり、その難しい人も自分で選んでいることになります。それは、後に関係がうまくいかなくなった時に、相手のせいにしたいからです。

少なくとも相談者は、付き合っているうちに「好きになってはいけない人」を「本気で」好きになってしまったといっているわけですから、意識的に決断をしていることになります。最初はいつでも別れられるように、紐をいつでも解けるように蝶々結びしていたのが、いつの間にかしっかりと結ばれてしまって、いまや容易に解けなくなってしまったようです。この流れで考えると、この相談者は「いけないことと理解しつつも」別れられないといっていますが、本当はいけないことだと理解してないのです。

プラトンはソクラテスに「誰一人として悪を欲する人はいない」と語らせています。この「悪」という言葉には道徳的な意味はなく「得にならない」「難儀な目に遭う」さらにいえば、「不幸になる」という意味です。「善」はこの「悪」の対義語で、「ためになる」「幸福になる」ということです。

相談者は、「いけないことと理解しつつも、好きになってはいけない人を好きになり、別れられない」のではありません。そのような人を好きになったことも、別れられないことも「善」である、つまり、「自分のためになる」と考えているのです。その意味で、相談者は実は葛藤しているわけではありません。「葛藤しているように見せたい」だけなのです。

では、葛藤しているように見せることのどこが、自分のためになるのか。もしも、二人の関係に何か問題があるならば、関係をよくする努力をしなければならない。しかし、それをせずに「問題の解決を棚上げにできる」ということです。また、「別れる」ことが唯一の問題解決策かどうかは措いておくとしても、「葛藤している」と思い悩んでいる限り、「別れるか別れないか」という決断を下さないことができます。悩むのをやめた時、決断しなければならないのです。

どうすれば関係を終わらせることができるかといえば、今の関係が「悪」、つまり、ためにならないことを本当に理解することです。今の二人の関係を、周囲の人が独断的に非難することはできません。どんな結果になるかは、誰にもわからないからです。そう考えて、周囲から非難されても、あえて今の関係を続けることが自分たちにとって「善」であると判断することもできます。

大事なことは、相手が「好きになってはいけない人」であることだけに意識を向けないことです。そこにだけ囚われていれば、関係はよくはなりません。そのことが二人の関係のあり方を決めているわけではありませんし、もしも「その問題さえなければ幸せになれる」と思っているとするならば、問題を除去するだけでは充分ではありません。どんな関係であることが幸福なのかというイメージを、はっきりと持てていないからです。

Q26

恋人との口論が絶えません。些細なことですが頻度が高いと、うんざりしてしまいます。

付き合い始めたばかりの頃はお互いを尊重し、喧嘩なんてしなかった。ところが、いつの間にか顔を合わせれば口喧嘩をしてしまうようになってしまった。自分が好きな人のはずなのに、小さなことがきっかけで言い争いになってしまう。この関係を改善する策はあるのでしょうか。

A

喧嘩をするほど仲がよいと
いう人がいますが、
そんなことはありません。
口論している二人は、
もはや愛し合っていません。

何でも言い合えるのは大切なことですが、感情を交える必要はまったくありません。口論が絶えないのは、決して当たり前のことではありません。実際、初めからそうだったわけではないでしょう。今の関係を変えるために必要なことは、まず、そんなものだと思って諦めてしまわないことです。仲良くなりたいのであれば、そうなれるよう努力しなければなりません。「努力する」といっても、今より好きになるということではありません。二人の気持ちではなく、関係を変える必要があります。

どのように関係を変えていけばいいかは後述しますが、別れたくないのであれば、口論は避けなければならないことも知らなければなりません。喧嘩をするほど仲がよいという人がいますが、そんなことはありません。

アドラーは、「怒りは人と人を引き離す感情である」といっています（『性格の心理学』）。口論をする時に怒らない人はいないでしょうから、口論をすれば必然的に二人の距離、対人関係の心理的な距離は離れていくことになります。口論をしている時には、二人の間に愛はないのです。「二人は本当は愛し合っているけれども口論している」のではなく、「口論している二人はもはや愛し合っていない」ということです。

愛があるからいいコミュニケーションができるのではありません。この人とはいいコミュニケーションができていると思った時、相手を好きだと感じるのです。これは、上手に会話のキャッチボールができるということではありません。相手に受ける話をしようと考えて自分をよく見せようとしなくても、ふと思いついたことを相手にどう思われるかを気にしないで口に出せるとか、何も話さなくても沈黙を恐れなくていいということです。

口論することには目的があります。この人とはもうやっていけない、別れようと思いたい時、そう思えるような感情を作り出すために、言い争いをするのです。だから些細なことであれ深刻なことであれ、理由はいりません。

もしくは、どんなことでも口論の理由にできるのです。やがて、言い争っていない時でもその時のことを思い出して嫌な気分になると、いよいよ別れようという決心が固まってきます。また、口論をすることが屈折した承認欲求であることもあります。相手に認めてもらうために、口論をして相手の心を煩わせようとするのです。それ以外の方法で繋がりを確かめる方法を知らないのかもしれません。

たしかに、相手の心を煩わせたら、相手の注意を引くことができますが、別れるつもりがないのであれば、もしくは、そんなふうにして相手に愛されたいと思うのであれば、リスクはあまりに大きすぎるといわなければなりません。愛してほしいのであれば、「私のことを好きになってください」といえばいいのです。相手に愛されようと思って口論をするのは、愛されるという目的を達成する手段としては最悪です。そんなことをする必要はまったくありません。口論をするために使うエネルギーは無駄です。そんなエネルギーがあるのなら、関係をよくするために使わなければなりません。

穏やかな気持ちになるために

それでは、どうすれば二人の関係を変えることができるでしょうか？

一つは、初めて会った時にどうだったかということを、度々思い出してみることです。付き合い始めた最初の頃は、嫌われないかと遠慮していいたいこともいえなかったかもしれません。それが今ではきちんと主張できるようになったのはいいことですが、遠慮がなくなり、相手を傷つけるようなことをいっていいわけではありません。

次に、何か相手にしてほしいことやしてほしくないことがあれば、怒りの感情を使うのではなく、「お願い」することです。口論の理由はいらないと先に書きましたが、何かを相手に要求して断られたら感情的になります。そうならないために、相手が断れる余地を残す言い方をする。具体的には疑問文（「〜してくれませんか？」）や仮定文（「〜してくれると助かるのだけど」）を使うようになると、二人が感情的になることは少なくなります。

もちろん、そんなふうにお願いしてみても、断られるかもしれませんが、断られても引き下がれるようになります。何が何でも今、自分の要求を聞き入れてもらわなければならない、とは思わなくなるのです。

口論するというのは、基本的には議論することです。口論から感情を差し引かなければなりません。このような努力をすれば、やがて、二人が会えば言い争いばかりしていた時と違って、穏やかな気持ちで過ごせていることに気づくことが増えてきます。

関係を育むのには時間がかかりますが、関係を壊すのは一瞬です。しかし、一度喧嘩をすれば二度と関係を修復できないかといえば、そうではありません。取り返しがつかなくなる前に、素直になって謝るしかありません。

こうした努力は大変だと思う人がいるかもしれませんが、関係をよくするための努力であり、努力の成果も見えてきます。一朝一夕で関係が変わることはないとしても、前は途方もないエネルギーを使っていたのに、今はそうではないことに気づくのは、それほど遠い先のことではないでしょう。

Q27

最近、セックスレスで悩んでいます。これは修復不可能なのでしょうか?

パートナーとのセックスの回数が減り、不安を感じたことはありませんか? 恋人間だけでなく、夫婦間ではなおさらよく耳にするこのセックスレス問題に切り込みます。

A

「今ここ」にいられることを
喜べるようになることです。
そうすれば、
行為がないという狭義の
セックスレスではなくなります。

愛の関係は職場での対人関係、友人との関係と基本的に同じなので、職場で尊敬されている上司が家庭では子どもたちに疎《うと》まれているとか、友人との関係がうまくいかない人が恋人との関係はうまくいっている、ということは考えられません。いずれかの関係が順調でなければ、その人の対人関係の築き方全般に改善するべき点があるといえます。

同僚ならば仕事上だけ付き合うこともできますが、友人であれば共に過ごす時間は長くなります。恋人や結婚している人との関係はさらに密で、共有する時間もさらに長くなります。ですからそのぶん一旦関係がこじれると、痛みも増すことになります。

それでも、恋愛関係は親子関係より難しいわけではありません。恋人や夫婦は別れることができますが、親子はたとえ関係がどれほど悪くても別れることは基本的にはできないからです。とはいえ、恋人と簡単に別れられるのであれば悩むことはありませんが、実際はそんなに単純ではありません。

それでは、愛の関係と他の対人関係との違いは、距離が近くて長く続くということだけなのかといえば、そうではないでしょう。共に過ごす時間が長く親密になれたら、その人が恋人になるというわけではありません。アドラーは身体的に相手に引きつけられることを、愛の関係と他の対人関係とを区別する点だと考えています。しかし、身体的に引きつけられるからといって、二人の恋が直ちに成就するかといえば、これもそれほど単純な話ではなく、そこにいたるまでにはいろいろと問題が起こります。付き合うようになってからも対人関係の問題は次々に起こるわけですが、今回はセックスの問題について考えてみます。

「他の時間」がセックスに影響する

まず、セックスは二人の関係の一部でしかないということです。

付き合い始めた頃は、二人でどこかへ出かけることもセックスも、現実の生活から切り離された「イベント」なので、夢のような楽しい時間を過ごすことができます。ところが、一緒に過ごす時間が増えて生活を共にするようになると、セックスが占める割合は少なくなりますし、そうなるのが当然です。そうなると、セックスをしていない時の関係がうまくいかなければ、それがセックスにも影響を及ぼすことになります。

このようなことが起きるのは、セックスは「対人関係」だからです。その時間だけを他の時間と切り離すことは難しくなります。喧嘩をすれば顔も合わせたくなくなるでしょう。セックス以外の時の関係が悪化し、修復に時間がかかるようになると、関係を持つのも億劫になってしまいます。それでも、また以前のように仲良くなることはできますし、セックスもできるようになるでしょう。

セックスは非常にパワフルな対人関係なので、たとえ二人の間がうまくいっていなくても、セックスをすることで仲良くなれたように思うこともあります。しかし、そのようになることを「負けだ」と思う人がセックスを拒否するために、「症状」を使うことがあります。特別な理由もなくセックスを拒否できないと思う人は、インポテンツや不感症という症状があれば、相手がセックスを断念するだろうと考えるのです。ある日セックスレスになった時も、突然そうなったわけではなく、こうした症状のためにセックスができなくなったことがあったかもしれません。このような症状があり、セックスレスを修復しようと思ってカウンセリングにくる人がいれば、症状そのものには注目せず、二人の関係全般を見直すことからはじめます。

次に、セックスがよいコミュニケーションになっていないとしたら、そのことも二人の関係に影響を及ぼします。愛という感情は、何もないところから突然湧き上がるものではありません。よい関係を築き、よいコミュニケーションができている時に、この人のことが「好きだ」という感情が生まれるのです。よいコミュニケーションどころか喧嘩をするようなことがあれば、その時二人の間から、愛という感情は消えてしまっているのです。

セックスも対人関係であり、本来は関係が近くなければできませんから、関係が遠いと感じられている時にはセックスレスになるのです。「よいコミュニケーション」というのは、他愛のない話をしていても、何も話をしていなくても、一緒にいられることを喜びに感じられることです。セックスもそのようなコミュニケーションであるとすれば、ただ抱き合っているだけでもいいのです。

セックスレスで悩む人は、二人の間に最近会話がなかったり、少なかったりするので関係がよくないと思っている人に似ています。ところが、沈黙を恐れて一生懸命話をしようとすることがよい関係なわけではないように、セックスレスではないからといって、二人の関係がよいという証拠にはなりません。

やがて、セックスの目的が変わってきます。あるいは、最初からセックスに求めていたものが間違っていたのかもしれません。セックスはコミュニケーションのためであり、よい時間を過ごすための行為だったはずですが、それが愛されていることの、また愛していることの確証を求めることが目的になってしまいます。そうなった時、セックスレスは愛されていない、愛していないことを意味すると考え、修復しなければならないことだと考えるようになるのです。そう思っている人は、セックス以外でも二人の関係がうまくいっていないことに目を向けたくないので、セックスレスであることを関係がよくないことの原因とみなしたいともいえます。

セックスは、他のどの関係よりも親密で、端的に二人の関係が明らかになります。一方で見方を変えると、この関係をよいものにすれば生活全般における関係を改善する突破口になるかもしれません。

セックスは「今ここ」の経験です。今ここに集中できなければ、楽しむことはできません。出会った頃の二人は「今ここ」で楽しむことができ、共にいられるだけで満足していたはずなのです。次に会えるかどうか、ということも大きな問題ではなかったでしょう。「今ここ」を引き延ばそうとし、「いつも」一緒にいたいと思いはじめた頃から、関係が変わりはじめたのです。

できることは「今ここ」にいられることを喜べるようになることです。それができれば、行為がないという狭義のセックスレスではなくなります。セックスレスであることに囚われなければ、関係はよくなっていきます。なぜなら、以前は二人の間でセックスは必要不可欠であり、それが二人の関係がよいことの証、反対にセックスレスは関係がよくないことの証だと思っていたのが、今ではセックスをしなくても、二人の関係は揺るぎがないと思えるようになれるからです。

Q28

いつも問題のある人とばかり付き合ってしまいます。幸せな恋愛がしたいです。

素敵なパートナーを見つけたり、結婚したり、周りはどんどん幸せになっていくように見えるのに、どうして自分だけいつも問題がある人と付き合ってしまうのか。もしかしたら、その「問題のある人」を選んでいる原因は、あなた自身にあるのかもしれません。

A

幸せな恋愛ができないのは
「相応しい相手に出会えないから」
ではありません。
関係は二人で
築いていくものなのです。

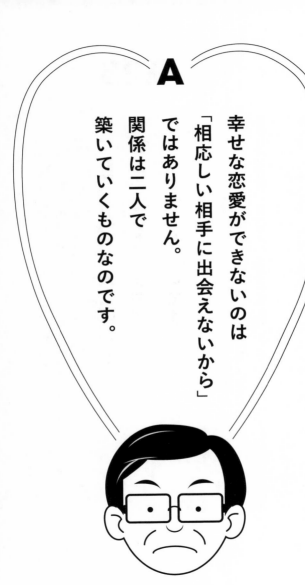

「問題がある人」というのは、酒癖や女癖が悪いとか、金遣いが荒い、もしくは既婚者などが考えられます。最初からそんな人であるとわかっていたら、付き合おうとは思わなかったでしょう。好きになれないのなら付き合おうとは思わないでしょうから、相手が「問題のある人」であるとわかっていれば付き合いはじめることはないはずです。しかし「いつも」問題のある人とばかり付き合うというのであれば、話は少し違ってきます。

幸せな恋愛がしたい人が、わざわざそのような人を選んでいるはずはないと思いたいところです。しかし、意識して選んでいるわけではなくても、そのような人を自ら進んで選んでいる可能性はあります。

アドラーが、十四歳で恋をした時にそのことを嘲笑されて以来、「恋をする女性という役割」を演じることを拒んでいた人の事例を引いています。その彼女が既婚の男性と恋に落ちました。アドラーは、『人はなぜ神経症になるのか』の中でこういっています。

「このような既婚男性との結びつきは、それ自体としては、最初から独断的に非難することはできない。誰もこのような愛がいい結果になるか、そうでないか確かなことをいうことはできないからである」

しかし、続けてこういっています。

「このような状況にあるすべての女性が、それに伴う大いなる困難を、両親を始めとする他の誰もが見ているのと同じだけはっきりと見て取っているという事実を無視することはできない。このような経験をする女性も『愛はこんなものよ』と自分に言い聞かせているのである。彼女がこのような困難な愛を選んだことは、一見して、愛と結婚が成就することを望んでいないのではないかと疑う根拠となる」

つまり、自分でもわかっていて「問題のある人」を恋愛の対象として選んでいるということです。しかも、そうした人を選ぶのは、愛と結婚が成就しないためです。この女性の場合、なぜ成就してはいけなかったのか。それには、わけがありました。彼女は第二子で、姉は非常に賢くて人気があり友人が多いことに加えて、妹よりも美しかったのです。「そこで、彼女の人生はライバルに追いつこうとする息もつけないほどのレースになった」学業では姉を凌ぎましたが、魅力的な姉は「幸せな結婚」をしました。彼女が既婚の男性と恋に落ちたのは、姉が結婚した時でした。姉の結婚は彼女の優越感を脅かしました。「競争することを性格の特徴とし、優越性を目標としているような女性は、常に、結婚によって勇気と自信を失うという危険がある。結婚は大抵自分の優越感に対する脅威である」

姉と同じように結婚しても、幸せになれなければ姉との競争に負けたことになります。結婚する以上、姉以上に幸せにならないといけません。そこで、彼女は結婚できない理由を探します。それが、既婚男性との恋愛でした。この愛が成就しなかったのは、相手のせいであると考えた彼女は「愛はこんなものよ」といい、以後誰とも恋愛をしなかったか、他にも何らかの「問題のある人」との恋愛を繰り返したことでしょう。結婚しないためには理由が必要だったのです。

「『もしも』この人が結婚さえしていなければ、彼と結婚するだろう」

結婚しなければ、姉に負けることはありません。彼女が愛と結婚をためらっていることは、彼女との会話の中で明らかになったとアドラーはいっています。

「結婚しても、夫は二週間もすればきっと私のもとから去ると思います」

そう語る彼女に、アドラーは結婚を避けているのは強い劣等感からではないかと仄《ほの》めかしたところ、「そんなことはない」と答えました。彼女は否定したのです。もしも劣等感がなければ（この劣等感を彼女は姉との競争に負けたから抱くようになったのですが）、結婚しても「二週間もすれば夫が自分から去る」とは考えもしなかっただろうと、アドラーはいいます。初恋の時に、姉ほどの魅力がないと嘲笑されたことや、両親の結婚が不幸であることは、愛や結婚をためらわせた「原因」なのではなく、それを正当化するために持ち出された「理由」でしかありません。

それでは、どうすれば「幸せな恋愛」をすることができるのか。先に見たアドラーが引いた女性の事例を踏まえて考えてみましょう。

まず、アドラーの言葉を使うならば、「愛はこんなものよ」と自分に言い聞かせるための恋愛はしないでおこうと決心することです。付き合ってみたら問題のある人だ、とわかることはたしかにあるでしょう。最初から問題を相手に見せる人はいないからです。しかし、今度付き合う人もきっと何か問題があるに違いないと思って付き合いはじめると、その予想が現実のものになります。大きな問題のある人でなくても、理想的な善人などいるはずはありませんから、問題を探そうと思えばすぐに見つかります。

次に、「幸せな恋愛」ができないのは、相応しい相手に出会えないからではない、ということを知らなければなりません。恋愛は一人でするものではなく、関係は二人で築くものです。たとえ、相手が他の人との関係においてはこれまで問題のある人であっても、関係がよければ行動が改善するということはありえます。

さらに、他の人と競争することをやめることです。先に見た女性の場合は、姉が「ライバル」でしたが、恋愛や結婚は他者と競うものではありません。誰かと付き合っていようがいまいが、結婚していようがいまいが、自分の価値には何の関係もないのです。

Q29

誰かを「愛する」というのは、どういうことなのでしょう？

誰かに淡い好意を抱いたり、理性ではコントロールできないほどの恋をしたりしたことはきっとあるでしょう。けれど執着でも依存でもなく、恋愛初期のホルモンによる「錯覚」でもなく、本当の意味で誰かを愛したことはありますか？

A

愛は、愛する能力の問題です。
「あの人は嫌いだけど、
あなたは好き」という人は、
愛する能力を
持っているとはいえません。

一度も人を愛したことがない人に誰かを「愛する」とはどういうことなのかを説明するのは、夏の暑い日に冬の寒さを説明するぐらい難しいです。こんな話を思い出しました。

律法学者がイエスに「何をすれば永遠の生命を得ることができるか」とたずねました（『ルカによる福音書』）。その問いに対して、イエスは律法には何と書いてあるかと質問したところ、律法学者は「主なる神を全身全霊で愛し、隣人を自分のように愛すること」と答えました。イエスはそれが正しい答えであり、それを実行しなさいといいました。すると、律法学者は「私の隣人とは誰か」とイエスにたずねました。宗教上の規範に精通している律法学者は、神を愛することは日々実践しているが、隣人を自分のように愛するとはどういうことなのかわからなかったのでしょう。そこで、隣人を愛するためには、まず隣人の定義をはっきりさせなければならないと考えたのです。しかし、イエスは「私の隣人とは誰か」という律法学者の問いに直接には答えず、強盗に襲われたユダヤ人を助けたサマリア人の話をしました。

あるユダヤ人が強盗に襲われ倒れていました。そこを通りかかった祭司やレビ人（下級祭司）は見て見ぬふりをして通り過ぎました。ところが、あるサマリア人だけは怪我人を見ると気の毒に思い、近づいて傷に油と葡萄酒《ぶどうしゅ》を注ぎ包帯をし、自分のロバに乗せて宿屋に連れて行き介抱しました。そのうえ、翌日の宿代まで負担したのです。サマリア人にとって自分たちを差別冷遇していたユダヤ人は本来「敵」だったはずですが、このサマリア人はそのようなことは構わず、気の毒に思ってユダヤ人を助けました。傷ついたユダヤ人は「隣人」だったのです。このサマリア人の話をした後、イエスはこういいました。

「行って、あなたも同じようにしなさい」

傷ついた人がいれば、それが誰であっても助けようと思うでしょう。私は「気の毒に思って」と訳しましたが、八木誠一は「胸が締め付けられる思いがして」と訳しています。サマリア人が、胸が締め付けられる思いがして傷ついたユダヤ人を助けたのは「人間の本性から出た自然な行為」(『イエスの宗教』)だったのです。

サマリア人の話から始めたのは、恋愛は排他的であり、すべての人に向けられるものではないと普通は考えられているからです。「あの人は嫌いだけど、あなたは好き」という人がいます。他の人を愛さないことが、相手を愛していることの証だといわんばかりです。

社会心理学者のエーリッヒ・フロムは、愛は能力の問題、しかも愛する能力の問題だと考えています(*The Art of Loving*)。この能力は特定の誰かだけを対象とするものではなく、他の人を排除するわけでもありません。「あの人は嫌いだけど、あなたは好き」という人は、愛する能力を持っているとはいえないのです。哲学者の左近司祥子は、猫が好きなら汚れている野良猫もふわふわのペルシア猫も、どんな猫もかわいいといっています(『本当に生きるための哲学』)。本当に猫が好きな人であれば頷けるでしょう。この伝でいえば、「あの人は嫌いだけど、あなたは好き」という人は本当の意味で人を愛しているとはいえないことになります。

それにしても、このサマリア人の喩《たと》え話に語られているように、敵を愛することはできないと考える人はいるでしょう。アドラーの愛についての考えは、イエスがいう「敵をも愛せ」という隣人愛に近いものですが、甘やかされて育った子どもは「私は隣人を愛さなければならないのか。私の隣人は私を愛しているのだろうか」と問う、とアドラーはいっています(『人生の意味の心理学』)。甘やかされて育った人でなくても、他人が自分を愛してくれるわけでもないのに、どうして私がその人を愛さなければならないかと問いたくなるでしょう。

フロイトは、イエスの隣人愛には疑問を抱いていました。実際、もしも「汝の隣人が汝を愛する如くに、汝の隣人を愛せよ」ということなら異論はないといっています(Freud, *Das Unbehagen in der Kultur*)。しかし、「私を愛してくれるのなら、私もあなたを愛する」とは誰でもいえます。フロイトは隣人愛を「理想命令」であり、人間の本性に反しているとまで考えていました。見知らぬ人は愛するに値するどころか、敵意、さらには憎悪を呼び起こすとまでいっています。

「なぜそうするべきなのか。そうすることが何の役に立つのか。何よりも、この命令をどのように実行するのか。そもそも実行できるのだろうか」（前掲書）

しかしアドラーは、フロイトのこのような問いを、愛されることばかり考えている人の問いであり、たとえ誰からも愛されなくても私は隣人を愛そうと、一蹴しています（『人生の意味の心理学』）。

唯一無二の人に「出会う」

さて、ここまで愛は排他的なものではなく、誰をも愛せるという意味でインパーソナルなものであることを見てきました。しかし、それでも恋愛にはパーソナルな面があります。つまり、他の人に代わることができない唯一無二の私が、唯一無二のあなたを愛するということです。「あの人は嫌いだけど、あなたは好き」という人が愛するあなたは、唯一無二のあなたではありません。もしも気持ちが変われば、すぐに誰か違う人を愛することになるからです。

それでは、このような唯一無二の人にはどうすれば会えるでしょうか。街で誰かとすれ違っただけでは会うことはできません。また、学校や職場で顔見知りであっても、また、一目惚れしたとしても、それだけでは人と「出会った」ことにはなりません。

宗教哲学者のマルティン・ブーバーは、人間の世界に対する態度には「我―汝」関係と「我―それ」関係があるといっています（『我と汝・対話』）。「我―汝」関係においては、私はあなたに全人格をもって向き合いますが、「我―それ」関係においては、私はあなたを対象（それ）として経験します。言葉を交わさず、人を対象化する「我―それ」関係においては、相手を「もの」と同じように見ています。「我―それ」関係と「我―汝」関係の決定的な違いは、相手と言葉を交わすかどうかです。

一目惚れの場合は、過去に知り合った人に似ているということから、初めて会った人なのに前から知っているような気になるだけです。しかし、言葉を交わし、全人格をもって向き合う「我―汝」関係においては、私はあなたと出会い、私が「我（Ich）」になることによって、相手に「汝（Du）」と語りかけます。この時、初めて二人は「邂逅」します。

この関係になった時の私は、もはやそれ以前の私ではありません。もはや私は一人だった時の私ではなく、愛する人によって生かされていると感じ、その時「私」ではなく「私たち」の人生を生きはじめます。このようにして愛し合う二人は、孤独を克服することができるのです。

Q30

いつまでも互いを思いやることができる関係を保つコツを教えてください。

何年経ってもこの人と一緒にいたい。そう思っていても、長年の付き合いになった
り同じ屋根の下に住んでいたりすれば、相手を思いやったり感謝したりする気持
ちも薄くなってしまう。どうしたら「出会った頃のように」いつまでもいられるの
でしょうか。

A

二人の関係に
慣れてはいけません。
パートナーといつまでも
仲良くしていたいなら
「生きられる時間」を
共有することです。

知り合って間もない頃、付き合いはじめて日が経っていない頃は、相手と一緒に過ごせることが喜びだったはずですが、長く付き合ったり生活を共にしたりすると、互いに相手に慣れてしまい、言葉遣いが丁寧でなくなったり、相手に対する甘えが生じることがあります。最初の頃であればしなかった喧嘩をするようなこともあります。しかし、付き合いが長くなったからといって、付き合いはじめた頃のような気持ちでいることができないわけではありません。最初の頃の気持ちを忘れないためには、慣れてはいけないのです。

いつも「この人と会うのは、今日が初めてなのだ」と思って一日を始めてみるのです。前の日に相手に嫌なことをいわれたかもしれません。しかし、だからといって、今日も目の前にいるこの人が嫌なことをいうとは限りません。きっと今日も何か嫌なことをいわれるに違いないと思っていると、相手に悪意があっていったわけではないことまでも、嫌な言葉に聞こえるかもしれません。前の日のことを今日まで引きずる必要などないのです。

人は常に変わり続けます。自分だって昨日の自分ではありません。もちろん、それは別人になるという意味ではありませんが、感じ方や考え方などは刻々と変わっています。実際、二人とも最初の頃と同じではなくなるから、問題が起こるのです。

そうした変化は短いスパンではなかなか見えないというのは本当ですが、目の前にいるこの人は昨日と同じだと思っていると、相手の変化には気づけません。お互い変化しているということがわかれば、今日は昨日の繰り返しではなく、明日は今日の延長ではないと考えることができます。これから先、二人の関係がどのようになるかはわかりません。しかし今日、関係をよくする努力をすることはできます。不断に愛を更新する努力ともいえますが、それによって二人の関係をよくするのですから、喜びとしての努力です。

毎日初めて会うと思ったら緊張すると考える人がいるかもしれません。しかし、最初の頃感じた緊張は面接を受ける時のような緊張ではなかったはずです。緊張はしたけれど、心が弾んだのではありませんか？　緊張は、今ここに集中するために必要です。フロムは次のようにいっています（*The Art of Loving*）。

「集中するとは、現在を今ここで完全に生きるという意味である」

さらにフロムは続けてこう書いています。

「いうまでもなく、集中力は愛し合っている人たちがもっとも身につけなければならない」

「二人が逃げ出そうとすることはよくあることだが、そうしないで、互いに近くにいることを学ばなければならない」

相手から逃げ出そうとすることがよくあることとは思いませんが、最初の頃のように一緒にいるだけで嬉しいとは思えず、他の人や物事に関心を奪われ、さらには過去や未来のことばかり話しているようでは、二人で過ごす時間に集中できているとはいえません。ですから、二人の間に流れる時間は「生きられる時間」ではないのです。「生きられる時間」という言葉を使ったのは、精神科医のウジェーヌ・ミンコフスキーです。一緒にいても、相手のことを考えておらず、時間が別々に流れているようでは、その時間は死んでいます。それに対して、「生きられる時間」は二人によって共有されます。愛しているからといって、自動的にこの生きられる時間を共有できるわけではありません。むしろ、生きられる時間を共有できていると感じられた時、愛という感情は生まれるといえます。

大切なのは、自分が相手に何をできるか

一度生まれた愛は、恒久的に二人の間に存在し続けるわけではありません。この愛は活動であり過程であり、経験されるだけです。物のように「持つ」ことはできず、不断に流れ、刻々に変化します。

それゆえ、一度誰かを愛したからといって、それで終わりということにはならないので、愛を更新していく努力が不可欠になるのです。腹を立てたり、不機嫌に振る舞ったりしても相手は許してくれるでしょう。しかし、その優しさに甘えていれば、いつか突然いなくなるかもしれません。明日という日に何が起こるかわからないのであれば、今日という日に愛し合うしかありません。

また、互いを思いやることができる関係を保つためにどうすればいいかも考えておきましょう。今相手を思いやれているのなら、この先ずっと思いやることができます。今できていない人は今後も相手を思いやることはできません。「思いやる」というのは、相手の立場に身を置き、相手が何を感じ、何を考えているかに関心を持つことです。相手が自分に何をしてくれるかを考えるのではなく、自分が相手に何をできるか考えなければなりません。もちろん、相手が何を望んでいるのかがわからなければ、たずねてみればいいのです。

関係が長く続くことは「目標」ではなく「結果」です。これまであったいろいろなことや、これから先のことを考える必要もないくらい「今ここ」を二人が生き切ることができれば、そしてその時間を「生きられる時間」にすることができれば、二人の関係はこれからも続いていくでしょう。

参考文献

Adler, Alfred. *Adler Speaks : The Lectures of Alfred Adler*, Stone, Mark and Drescher, Karen eds., iUniverse, Inc., 2004.

Burnet, J. ed. *Platonis Opera, 5 vols.*, Oxford University Press, 1899–1906.

Dalfen, J. ed. *Marci Aurelii Antonini Ad se ipsum libri XII*, BSB B. G. Teubner Verlagsgesellschaft, 1979.

Freud, Sigmund *Das Unbehagen in der Kultur*, Fischer Taschenbuch Verlag, 1994.

Fromm, Erich. *The Art of Loving*, George Allen & Unwin, 1957.

Fromm, Erich. *To Have or To Be?*, Open Road Media, 2013.

Hude, C. ed. *Herodoti Historiae*, Oxford University Press, 1908.

Manaster, Guy et al. eds., *Alfred Adler: As We Remember Him*, North American Society of Adlerian Psychology, 1977.

Rilke, Rainer Maria. *Briefe an einen jungen Dichter*, Insel Verlag, 1975.

アドラー、アルフレッド『生きる意味を求めて』岸見一郎訳、アルテ、二〇〇七年

アドラー、アルフレッド『性格の心理学』岸見一郎訳、アルテ、二〇〇九年

アドラー、アルフレッド『個人心理学講義』岸見一郎訳、アルテ、二〇一二年

アドラー、アルフレッド『人はなぜ神経症になるのか』岸見一郎訳、アルテ、二〇一四年

アドラー、アルフレッド『人生の意味の心理学』岸見一郎訳、アルテ、二〇二一年

茨木のり子『茨木のり子集　言の葉１』筑摩書房、二〇一〇年

加藤周一『羊の歌』岩波書店、一九六八年

神谷美恵子『神谷美恵子日記』KADOKAWA、二〇〇二年
岸見一郎『幸福の哲学』講談社、二〇一七年
岸見一郎『愛とためらいの哲学』PHP研究所、二〇一八年
岸見一郎『シリーズ世界の思想　プラトン　ソクラテスの弁明』KADOKAWA、二〇一八年
岸見一郎『人生は苦である、でも死んではいけない』講談社、二〇二〇年
岸見一郎『不安の哲学』祥伝社、二〇二一年
岸見一郎『孤独の哲学』中央公論新社、二〇二二年
岸見一郎『マルクス・アウレリウス「自省録」を読む』祥伝社、二〇二二年
岸見一郎『エーリッヒ・フロム』講談社、二〇二二年
岸見一郎『NHK「100分de名著」ブックス　マルクス・アウレリウス　自省録』NHK出版、二〇二三年
左近司祥子『本当に生きるための哲学』岩波書店、二〇〇四年
篠田桃紅『一〇三歳になってわかったこと』幻冬舎、二〇一五年
キルケゴール、セーレン『不安の概念』村上恭一訳、平凡社、二〇一九年
多田富雄『寡黙なる巨人』集英社、二〇〇七年
辻邦生『薔薇の沈黙』筑摩書房、二〇〇二年
ドストエフスキー『白痴(上)』木村浩訳、新潮社、一九七〇年
波多野精一『宗教哲学』岩波書店、一九四四年
林京子『長い時間をかけた人間の経験』講談社、二〇〇五年
ブーバー、マルティン『我と汝・対話』みすず書房、一九七八年
ペーターズ、H. F.『ルー・サロメ 愛と生涯』土岐恒二訳、筑摩書房、一九九〇年

マックス、P．T．他『月曜日は最悪だとみんなは言うけれど』村上春樹編訳、中央公論新社、二〇〇〇年
三木清『人生論ノート』新潮社、一九五四年
三木清『語られざる哲学』（『人生論ノート』KADOKAWA、二〇一七年所収）
ミンコフスキー、E．『生きられる時間』中江育生、清水誠訳、みすず書房、一九七二年
森有正『バビロンの流れのほとりにて』（『森有正全集1』筑摩書房、一九七八年所収）
森有正『砂漠に向かって』（『森有正全集2』筑摩書房、一九七八年所収）
森有正『旅の空の下で』（『森有正全集4』筑摩書房、一九七八年所収）
八木誠一『イエスの宗教』岩波書店、二〇〇九年
柳美里『JR上野駅公園口』河出書房新社、二〇一七年
『聖書』新共同訳、日本聖書協会、一九八八年

N.D.C. 105　235p　18cm
ISBN978-4-06-531766-2

講談社現代新書　2700

泣《な》きたい日《ひ》の人《じん》生《せい》相《そう》談《だん》

二〇二三年四月二〇日第一刷発行

著者　岸《きし》見《み》一《いち》郎《ろう》　©Ichiro Kishimi 2023

発行者　鈴木章一

発行所　株式会社講談社
東京都文京区音羽二丁目一二—二一　郵便番号一一二—八〇〇一

電話　〇三—五三九五—三五二一　編集（現代新書）
〇三—五三九五—四四一五　販売
〇三—五三九五—三六一五　業務

装幀者　中島英樹／中島デザイン

印刷所　株式会社ＫＰＳプロダクツ

製本所　株式会社国宝社

定価はカバーに表示してあります　Printed in Japan

「講談社現代新書」の刊行にあたって

教養は万人が身をもって養い創造すべきものであって、一部の専門家の占有物として、ただ一方的に人々の手もとに配布され伝達されうるものではありません。

しかし、不幸にしてわが国の現状では、教養の重要な養いとなるべき書物は、ほとんど講壇からの天下りや単なる解説に終始し、知識技術を真剣に希求する青少年・学生・一般民衆の根本的な疑問や興味は、けっして十分に答えられ、解きほぐされ、手引きされることがありません。万人の内奥から発した真正の教養への芽ばえが、こうして放置され、むなしく滅びさる運命にゆだねられているのです。

このことは、中・高校だけで教育をおわる人々の成長をはばんでいるだけでなく、大学に進んだり、インテリと目されたりする人々の精神力の健康さえもむしばみ、わが国の文化の実質をまことに脆弱なものにしています。単なる博識以上の根強い思索力・判断力、および確かな技術にささえられた教養を必要とする日本の将来にとって、これは真剣に憂慮されなければならない事態であるといわなければなりません。

わたしたちの「講談社現代新書」は、この事態の克服を意図して計画されたものです。これによってわたしたちは、講壇からの天下りでもなく、単なる解説書でもない、もっぱら万人の魂に生ずる初発的かつ根本的な問題をとらえ、掘り起こし、手引きし、しかも最新の知識への展望を万人に確立させる書物を、新しく世の中に送り出したいと念願しています。

わたしたちは、創業以来民衆を対象とする啓蒙の仕事に専心してきた講談社にとって、これこそもっともふさわしい課題であり、伝統ある出版社としての義務でもあると考えているのです。

一九六四年四月　野間省一

哲学・思想Ⅰ

哲学・思想Ⅱ